Julius Rodenberg

Die Harfe von Erin Mährchen und Dichtung in Irland

Julius Rodenberg

Die Harfe von Erin Mährchen und Dichtung in Irland

ISBN/EAN: 9783743656420

Hergestellt in Europa, USA, Kanada, Australien, Japan

Cover: Foto ©ninafisch / pixelio.de

Weitere Bücher finden Sie auf **www.hansebooks.com**

Die Harfe von Erin.

Märchen und Dichtung in Irland

von

Julius Rodenberg.

Leipzig.
Fr. Wilh. Grunow.
1861.

Der

Frau Lili Schenck zu Schweinsberg

geb. Schenck zu Schweinsberg

auf Höhnscheid in Kurhessen

freundschaftlich zugeeignet.

Die Harfe von Erin.
(Nach Thomas Moore.)

O traute Harfe! laß mich lehnen
Auf Deiner Stränge Goldgeläut;
Geschieden sind wir einst in Thränen,
In Thränen treffen wir uns heut.
Dein Tag ist noch nicht angebrochen,
Und gleich den Harfen Israels,
Die göttlich frei, wie Du gesprochen,
Hängst an den Weiden Du des Quells.

Und doch, seit Du zuletzt geklungen,
Hat manche Seele froh geharrt;
War feurig manche Brust durchdrungen
Von Hoffnung — die zu Schanden ward!
Doch da sogar, als Frieden lachte,
Und — schwebend über Land und See —
Den Andren Lust und Hoffnung brachte,
Bracht' er Dir Thränen nur und Weh.

VI

Wer kann Du Traurende! Du Scheue!
Von Dir verlangen Jubelklang?
Paßt Lerchenlied aus Morgenbläue
Zum abendlichen Schwanensang?
Und ich, der ich Dich also finde,
Soll wünschen, daß Dein Spiel sich regt,
Da selbst der Kranz, den ich Dir winde,
Nur Ketten unter Blumen trägt?

Doch komm — darf Dein Gesait noch borgen
Den Hauch der Lust, so werd' er mein;
Und zeig', in Ketten selbst und Sorgen,
Der Welt, wie süß Dein Lied kann sein!
Daß es inmitten öder Wildniß
Die bange Wirklichkeit verschönt:
Wie ein zerbrochen Memnonsbildniß
Noch mitten unter Trümmern tönt.

Irische Melodien.

Quellen-Angabe.

Nr. I. **Feenmusik.** Croker, Fairy Legends. I, p. 34. (Neue Ausgabe p. 16) Ein buckliger Bauer hörte sie von den Feen des Knockgrafton. —

Nr. II. **The summer is coming.** Moore's Irish Melodies. (Rich and rare etc.)

Nr. III. **Helston Forey.** Gilbert, Ancient Christmas Carols.

Nr. IV. **Klagelied der Banschi.** Hall's Ireland, I. 225.

Nr. V. **Melodie der Todtenklage.** Daselbst.

Nr. VI. **Eilin a Run.** Moore's Irish Melodies. (Erin the tear etc.)

Nr. VII. **Pashin fionn.** Davidson's Songs of Ireland, p. 60.

Nr. VIII. **Carolan's Melodie.** daselbst. p. 48.

Nr. IX. **Der Zweig des Schilelah.** Fliegendes Blatt.

Nr. X. **Kathlin O'More.** Davidson's Songs of Ireland, p. 28.

Nr. XI. **Kate Kearney.** Von dem Hornbläser Jack Lowney in Killarney.

Nr. XII. **Die Harfe, die durch Tara's Hall.** Moore's Irish Mel. (The harp etc.)

Nr. XIII. **Das Lied von St Patrick.** Fliegendes Blatt.

Nr. I. Feen-Musik. (Zu S. 28)

Nr. II. The summer is coming. (Saura! Saura!) (Zu S. 44)

Nr. III. Helston Forey. Celtisches, besonders in Cornwallis noch populäres, Maifeier-Lied. (Zu S. 45)

Nr. IV. **Klagelied der Banschi.** (Zu S. 67)

Nr. V. **Melodie der Todtenklage.** (Zu S. 67)

Klageweiber allein.

Schrei der Versammlung.

Nr. VI. **Eilin a Run.** (Zu S. 170 u. 285)

Nr. VII. Pasthiu fionn. (Zu S. 194.)

Nr. VIII. Carolan's Melodie. (Zu S. 290)

Andante.

Nr. IX. Der Zweig des Schilelah. (Zu S. 222)

Nr. X. Kathlin O'More. (Zu S. 231)

Langsam u. mit Ausdruck.

Nr. XI. Kate Kearney. (Zu S. 229)

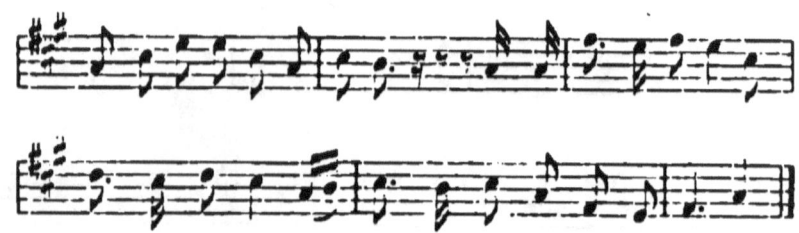

Nr. XII. Die Harfe die durch Tara's Hall. (Zu S. 243)

Nr. XIII. Das Lied von St. Patrick. (Saint Pa. was a gentl.) (Zu S. 224)

Inhaltsverzeichniß.

Erste Abtheilung.
Die irische Märchenlehre.

	Seite		Seite
Der Katholizismus in Irland	3	Luftgeister	38
Gottesglauben und Aberglauben	6	Baccachs	39
Der Protestantismus	9	Die Butterhexe	41
Der irische Feind	10	Das altirische Jahr	41
Die Wohnungen der Feen	11	Baltaine	41
Die systematische Stellung der irischen Märchenlehre	13	Maifeuer	43
		Maitänze	44
Die Feen und Geister von Irland	15	Mailieder	45
Furcht vor den Feen	16	Maigrün	47
Märchen und Träume	17	Maizauber	49
Die Genesis des Märchens	18	Liebesorakel	51
Die Abkunft der Feen	20	Allerheiligen	53
Aussehen und Tracht derselben	21	Allerheiligs-Spiele	55
Ihre Namen	23	Schicksalsfragen	57
Verschenken der Feen bringt Unglück	25	Der Teufel	59
		Phuca	61
Feenkriege	27	Zwischen Diesseits und Jenseits	63
Das Feenreich	28	Der Fetsch	64
Feenpflanzen	29	Die Banschi	66
Die Diener der Feen	30	Das versunkene Eiland	68
Der rothe Mann	31	Die Insel der Todten	70
Der rothe Captain	33	Die Insel der Seligen	72
Der Luprechaun	35	Tir na n-Oge	74
Die Feld- und Wirthschaftsgeister	37	Hy-Brasil	75

Zweite Abtheilung.
Märchen.

	Seite		Seite
1. Die Stadt im Meere	83	5. Die schwarzbraune Kuh	115
2. Der Hexenmeister von Gru-		6. Das Land der ewigen Jugend	120
naan	90	7. Der Onkel aus der Feenwelt	124
3. Der Panischi-Brunnen	101	8. Das Feenbandtuch	126
4. Zwei Geschichten vom Lurre-		9. O'Donoghue's Dudelsack	128
chaun, dem Feenschuster		10. Der Phuka	135
Die erste Geschichte	106	11. Feen-Ammen	139
Die zweite Geschichte	110	12. Schön Nora	147

Dritte Abtheilung.
Dichtung.

I. **Einleitung**		157	III. **Anglo-Irische Lieder.**	
II. **Irische Lieder.**			Volkslieder.	
1. Die Hymne des heil.			1. Schau-ban-boch	215
Patrick		165	2. We're Pardies evermore	218
2. Eilin a Run		170	3. Drinan Thun	220
3. Der Untergang der Gaelen		172	4. Der Zweig des Schilelab	222
4. Das theure Land Mayo		176	5. Das Lied von St. Patrick	224
5. Todtenklage		178	6. Die Jungen von Kilkenny	227
6. Kälber auf der Weide		181	7. Kate Kearney	229
7. Caschel in Munster		183	8. Kathlin O'More	231
8. Molly Astore		185	9. Feenreigen	233
9. Nelly Ban		187	10. Lied von der wahnsinni-	
10. Warst du in Carrick?		189	gen Moina	235
11. Culin		191	11. M. in Conner	237
12. Pastbin Fionn		194	12. Glaichen Glora	239
13. Braunkorn		196	Dichter der neueren Zeit:	
14. O Mädchen mit dem brau-			1. Doctor Drennan.	
nen Haar!		198	Erin	241
15. Das Bootlied		200	2. Thomas Moore.	
16. Wär' ich!		202	Die Harfe die durch Tara's	
17. Marie Maguire		203	Hall'	243
18. Glaragh's Klage		204	Sie ist fern von dem Land	244
19. Trimin Dubb, O!		207	Laß Erin gedenken	245
20. Auf den Trümmern		208		

	Seite
Durchschweift nur die Welt	246
Süß Inniefallen	248
Das Thal von Avoca	250
O! hätten ein Eiland wir	251
Als unser Schiff	252
In dem Morgen des Lebens	254

3. Gerald Griffin.
  Komm nach Glengariff, komm! 256

4. Thomas Davis.
  Die Blume von Finé . . 258
  Mein Land 261

	Seite
5. Samuel Lover.	
Das Land in dem West	263
6. William Allingham.	
Zwischen der Halde	265
Die Feen	267
In der Dämmerung	270
Komm mit an den Strand	271
Der grüne Strand des Erne	273
Anmerkungen und Quellennachweise.	
Zur ersten Abtheilung	276
Zur zweiten Abtheilung	295
Zur dritten Abtheilung	296

Erste Abtheilung.

Die irische Märchenlehre.

Der Katholizismus ist aus mannigfachen Gründen den bunten Schöpfungen der Märchenwelt günstiger, als der Protestantismus; und schwerlich gibt es ein zweites Land, wo Märchen und Kirchenglauben inniger verwachsen sind, als Irland, welches zugleich die „Insel der Heiligen" und das „Land der Feen" genannt wird.

Es ist aus der Geschichte der früheren Jahrhunderte wohlbekannt, mit welch' unerschütterlicher, ja leidenschaftlicher Treue das Volk von Irland an der katholischen Kirche hing, obgleich die katholische Kirche es eigentlich war, die es dem Feinde verkauft hat,*) mit dem es — nach fast siebenhundertjährigem Kampfe — seinen Frieden noch immer nicht geschlossen. Ueber den gegenwärtigen Religionszustand des irischen Volkes will ich statt meiner eigenen Beobachtungen die Worte einer Autorität anführen: des Cardinals Wiseman, der zu gleicher Zeit mit mir, während des Sommers und Herbstes 1858, das irische Land durchpilgerte. Nicht lange nach seiner Heimkehr, im Winter, hielt er vor einer glänzenden Versammlung in den Hanover-Square-Rooms zu London einen Vortrag über die Resultate seiner Reise; und aus diesem Vortrag, den ich anzuhören Gelegenheit hatte, will ich folgende Aeußerungen anführen.

---

*) Siehe darüber den Anhang.

„Als ein Katholik bin ich nach Irland gegangen," sagte der Cardinal, „mit dem Auge eines Katholiken betrachtete ich Alles, was meinen Blicken sich darbot.... Siebenzig Jahre der Prüfung wurden hinreichend erachtet für das erwählte Volk des Herrn; dieses Volk hat sieben Jahrhunderte gelitten.... Aber darauf will ich heute nicht zurückkommen. Ich will die Aufmerksamkeit der Versammlung auf einen Punkt leiten. Während der ärmere Theil der Bevölkerung mitten im Reichthum verhungerte und siech ward in einem Clima, das fähig schien, stählerne Gesundheit zu verleihen, hielt der größere Theil derselben fest an einem Ding, und das war die Hoffnung! Was ist Religion anders als Hoffnung, die dem Armen und Gebeugten gebracht ist? Man lachte sie aus, weil sie in Lehmhütten auf der Haide wohnten; aber oft, wenn der letzte Funke im Torfe der Hüttenflur verlöscht war, wenn der Sturm über die Haide strich und der Regen durch's Strohdach sickerte: dann war ein helleres Licht in der elenden Hütte geblieben, das die trostlosen Bewohner mehr beseligte, als der blendende Glanz eines Palastes vermocht hätte. Das war der Zustand Irlands viele Jahre lang, bis in unsre Zeiten; und die härteste Prüfung von allen war der Gedanke, daß das, was die Religion der Masse des Volkes war, soweit menschliche Macht es vermochte, fortgefegt zu sein schien. Es gab eine Zeit, wo keine Kirche übrig geblieben war, kein Platz, woselbst die Gemeinde sich zum Dienste des Herrn hätte versammeln können; nicht ein Colleg, noch eine Schule oder Anstalt, durch welche die Religion unterstützt oder die Functionen der Kirche ausgeübt werden konnten. Durch nichts Kleineres als ein Wunder konnte es geschehen, daß die Religion, unter so feindlichen Umständen, in den Herzen der ganzen Bevölkerung als eine lebendige Flamme erhalten ward.

Gott that das Wunder, aber er that es unter Prüfungen, die ohne Gleichen sind. Denn nach einem so langen Kampfe mit der Macht, die von dieser Welt ist, schien es, als ob plötzlich sich auch die Macht Gottes gegen sie gekehrt hätte. Hungersnoth und Krankheit, die beinah zu dem Umfang einer Pest emporwuchs, wütheten gegen den größeren Theil des Landes und gegen denjenigen am Meisten, der die geringsten Mittel des Widerstandes oder der Hülfe besaß. Die nackten und entfernten Gebirgsstriche, auf denen die armen Bauern wohnten, und die kleinen Städte und Dörfer, in denen andere von ihnen zusammengedrängt saßen: das waren die Schauplätze und die Gegenstände jener furchtbaren Heimsuchung; und diejenigen, welche die Ungerechtigkeit der Menschen so lange geduldet hatten, trugen nun eine Kette von Elend und Jammer mit einer Geduld, die in der Geschichte der Nationen beispiellos ist.... Das jedoch war der große Wendepunkt in der Geschichte dieses Landes, und von dieser Zeit datirt der Anfang einer besseren Zukunft. Auswanderung, verbesserter Ackerbau und Güterparzellirung wirkten zusammen, um den materiellen Zustand dieses Landes wunderbar rasch zu verbessern. Aber Eins, was in schlimmen Zeiten ihr Eigenthum gewesen, ist es auch jetzt in den besseren geblieben: ihr treuer, katholischer Glauben. Und lächerlich ist die Bemerkung, die sich gelegentlich in Zeitungen und Schriften findet, daß der katholische Theil der Bevölkerung Irlands um so unempfänglicher für die Lehre seiner Priester ward, als sein leiblicher Wohlstand sich hob, — daß sie sich allmählig von dem Einfluß einer gewissen großen Stadt emanzipirten und auf dem besten Wege wären, behäbige Freidenker zu werden. Nichts von dem! Kaum hat man dem katholischen Volke in Irland gestattet, Kirchen zu bauen, so sehen wir keine noch so wüste Haide, keine noch so

unwegsame Felsgegend, wo — beim Mangel alles sonstigen
Lebens doppelt erquickend — ein Kirchlein uns sein Kreuz nicht
schon auf meilenweite Ferne tröstlich entgegenhielte! Die Kirchen der großen Städte entfalten eine Pracht und künstlerische
Schönheit, die seit den Tagen des Mittelalters nicht mehr gesehen
worden, und nie war die Anhänglichkeit Irlands an den päpstlichen Stuhl tiefer, wärmer, allgemeiner. Das Unglück hat sie
nicht getrennt; das Glück wird es nie — sie sind verbunden für
immer!" —

Der Cardinal hat Recht; Irlands Glauben ist streng und
eifrig: aber da, wo in Irland selbst, das Volk am Strengsten
und am Eifrigsten ist, im Südosten, im Süden und im Westen,
da ist auch heutzutage noch die wahre Heimath des Märchens, wo
es geglaubt, erzählt und täglich neu geboren wird. Ich habe
nicht versäumt, die vielen kleinen und vereinzelten Züge zu sammeln und in die Bilder zu verschlingen, die ich in einem andern
Werke über Irland*) von meinem Aufenthalte unter den Bauern
der südlichen Berge entwarf, — jene Züge, halb phantastisch,
halb komisch, welche auf einen lebendigen Zusammenhang mit einer
Welt deuten, von der wir Andern Nichts sehen, Nichts hören,
und welche — indem sie sich unmerklich in das breite Gewebe des
Tages verlaufen — für Jeden verloren gehen, der auf solche
Dinge nicht zu achten gewohnt ist. Es war dort meine Absicht,
nachzuweisen, wie weit die Herrschaft des Märchens noch geht und
wie sehr der Aberglauben — das Wurzelwerk des Baumes, an
welchem das Märchen die leuchtende Blüthe ist! — das ganze

---

*) Die Insel der Heiligen. Eine Pilgerfahrt durch Irland. 2 Bde.
Berlin 1860.

Volksleben nach all seinen Richtungen bis zum äußersten Ende hin durchzieht. —

Ich habe dort gezeigt, wie eng und dicht zusammen in Irland der Glaube und das Märchen unter einem Dache wohnen — dem Bild der Heiligen an der Wand gegenüber zeigte ich das Eselshufeisen auf der Schwelle; unter dem Dach die Kreuze; über dem Dach die Lauchbüschel. Ich hatte das Glück, während meiner Reise ein Bauermädchen aus den sagenreichen Kerrybergen, Brighit, mit dem Beinamen der „Myrthe von Killarney" kennen zu lernen. Ich habe ihre Lebensgeschichte in meiner „Insel der Heiligen" (I. p. 21) erzählt. Wie ich sie dort geschildert, träumerisch am Spinnrad, vor der ärmlichen Hütte, neben dem Hügel, neben dem See, so saß sie oft, und ich neben ihr auf dem Holzschemel, wenn sie mir die Märchen ihrer Heimath erzählte und die süßen Lieder derselben sang. In der schwärmerischen Seele dieses Mädchens mischte sich auf eine wunderbare Weise die tiefste Gottesfurcht und der unerschütterliche Glauben an das Dasein und die Nähe der Feen; und wie sie mir einst, fromm und strengkatholisch, wie sie war, „bei ihrer Schutzpatronin!" versicherte, daß ihre Tante Kate im Zauberland gewesen und Larry an einem Feenkuß gestorben sei: so könnt' ich mich noch auf eine ganze Reihe von ähnlichen Zügen aus dem Zusammensein mit ihr besinnen. Unglücklich war sie einst, als sie eine Stecknadel fand, deren Knopf ihr zugekehrt lag. „Wenn ich eine krumme und verbogene Stecknadel gefunden hätte, so wäre mir das lieber gewesen", sagte sie, „das würde mir Glück gebracht haben." Zwei, vier, sechs ꝛc. Elstern zu sehen, hielt sie für ein glückliches Zeichen; eine, drei, fünf ꝛc. verkündeten Unheil. Die Begegnung eines Weibes mit rothen Haaren früh am Morgen hatte sie einst für den ganzen

Tag traurig gemacht. Und mehr oder weniger fand ich in ähnlicher Weise den aufrichtigsten Gottesglauben neben dem krassesten Aberglauben im ganzen Süden und Westen von Irland. So erinnere ich mich, daß Biddy, das Kammermädchen von Tore View Hotel, bei Killarney einen kleinen Spiegel zerbrochen hatte, den ich in meinem Toilettenkästchen bei mir führte. „O!" jammerte sie, „o, o! Was wird das nun geben!" — Ich bat und beschwor sie, sich darüber zu beruhigen; der Spiegel sei so gut als Nichts werth, und ich könne ihn leicht durch einen andren ersetzen. Aber sie jammerte fort: „o, o! was wird das geben! Einen Spiegel zu zerbrechen, ist das Vorzeichen von großem, großem Unglück!" Die geringste Zufälligkeit, die sich ereignete, z. B. wenn Jemand fällt, oder beim Gehen strauchelt oder auch nur niest, wird dem Einfluß der Feen zugeschrieben, von welchen man ihn in dem Augenblick umgeben glaubt. Deshalb wird es auch für nützlich gehalten, sich zu bekreuzen und ein Gebet zu sprechen, und es würde nicht blos für unartig, sondern auch für sehr gefahrbringend gehalten werden, wenn die dabei Anwesenden nicht sagen würden: „Gott segne Dich!" oder „Gott zwischen Dir und jedem Unheil!" oder wenn er nicht ausspiee. Ausspeien ist eins der allgemeinsten, populärsten und am Wirksamsten erachteten Mittel gegen die Feen, den bösen Blick und jede Art von Zauberei. Aber noch mehr! Keine Krankheit, kein Todesfall, keine Miserute, Verlaufen von Kindern, Ohnmachten der Wöchnerinnen, Sturm und Wirbelwind, bei dem nicht die Feen ihre Hand im Spiele hätten. Namentlich unerschütterlich fand ich diesen Glauben an eine unmittelbare Einwirkung der Feen auf Leben und Tod im fernen Westen. Dort stirbt kaum Jemand, — es müßte denn gar von Altersschwäche sein — von dem nicht geglaubt würde, die Feen hätten ihn geholt und er lebe nun in ihrem Reiche. Ja, es kommen dann nicht selten Versuche vor, ihn daraus zu befreien. Auch an schauderhaften und ein gesittetes Gemüth empörenden Vorfällen fehlt es dabei keineswegs. So erzählte man mir, daß vor nicht ganz zehn Jahren ein Mann in dieser Gegend (Killarney, Süden von Irland) sein Kind zu Tode geröstet habe, weil er glaubte, es sei eine Fee. Der unglückliche Mann wurde nicht vor Gericht gestellt, sondern in ein Irrenhaus gebracht. Im Jahre 1849 grub man in Oran, Grafschaft Roscommon (Westen von Irland), ein Kind aus und schnitt demselben die Arme ab, um sie bei der Vollbringung eines Zaubers anzuwenden; und in demselben Jahre wurde ein Mann auf zehn Jahre transportirt, weil er von einer wohlhabenden Familie in der Grafschaft Longford (Südosten von Irland) dadurch Geld erpreßte, daß er sie glauben machte, er sei ihr angeblich verstorbener Vater; wäre aber nicht wirklich todt, sondern nur unter dem „guten Volk", und habe die Macht, von Zeit zu Zeit in die Welt zurückzukehren, um seine Freunde zu besuchen. —

Die Grenzen des Märchenreichs in Irland fallen genau mit denen zusammen, die das Festhalten an der alten Sprache, der alten Religion und Sitte, dem Rest des irischen Volkes von Südost nach Westen gezogen hat; der Glauben an die Feen und sonstigen Aberglaube geht mit der katholischen Orthodoxie Hand in Hand. „Es ist kein Wunder, daß er nicht an die Schiogs (Feen) glaubt; er ißt ja auch am Freitage Fleisch!" ist eine Aeußerung, die ich von einem meiner Freunde an den Seen von Killarney vernommen. Natürlich ist es daher, daß das irische Märchen der geschworene Feind des Protestantismus und der „englischen" Aufklärung insgemein ist; sowie auch daß bei der noch immer thätigen Märchenbildung tiefe Spuren dieser Feindschaft und des daraus erfolgenden Kampfes erkennbar sind. Die Feen machen einen scharfen und unerbittlichen Unterschied zwischen den Anglo-Iren und den Iren „vom alten Stamme". Ein höchst bezeichnendes Beispiel hierfür findet sich bei Hardiman (Irish Minstrelsy I. Introd. XLVII. in der Anmerkung). Ein altirischer Edelmann der Grafschaft Leitrim, im Westen von Irland, hatte über einen Carn, von welchem das Volk sagt, daß Fin Mac Cul darin begraben sei, einen Steinhaufen zum Gedächtniß an diesen irischen Nationalhelden errichten lassen. Dieses Denkmal stand lange Jahre, weithin in der ganzen Gegend sichtbar; da, nach dem Tode des Erbauers, welcher von der berühmten Mac Ranald-Familie war, ward es durch einen Sturm umgeworfen. Später richtete ein Engländer, welcher in den Besitz des Ranaldschen Territoriums gekommen war, das Denkmal wieder auf. Aber kaum stand es, so ward es durch einen neuen Sturm zerstört und liegt noch heute in Ruinen da. Denn das Landvolk sagt und glaubt es fest, daß die Stürme, die es zweimal umgeworfen haben, von dem „guten Volke," welches in dem Carn wohne, erregt worden seien, und daß die luftigen Wesen nur aus Verehrung für den alten Erbauer, der „Einer vom alten Stamme" war, das Denkmal während seiner Lebzeiten hätten stehen lassen; daß sie es aber unerbittlich zerstört hätten, nachdem er gestorben sei und auch seine Wiedererrichtung durch einen Engländer nicht hätten dulden wollen. — Auch von der Kirwan-Familie, deren Schloß Castle Macket am Fuße des Knockmagha, in welchem der mächtige Feenkönig des Westens Fin Varra wohnt, wird gesagt, daß sie in freundlichem Verkehr mit diesem gestanden habe. Man glaubt fest daran, daß er und seine Schaar, Alle in rothe Jacken gekleidet, oft in den Weinkellern des edlen Herrn gezecht und oft sich auf den Pferden desselben nächtlich getummelt habe; wofür sie dann aber auch stets bei Wettrennen den Preis vor den Englischen davongetragen!

Das irische Märchen wird mehr und mehr tendenziös, und nimmt Partei gegen den „Feind" Irlands. Das „Großmaul von Duncormick", ein Mann, der zum Renegaten am katholischen Glauben und an der irischen Sache geworden ist, wird in die Stadt unter dem Manne geführt und als er endlich an die Oberwelt zurückkehren darf, da ist er alt und grau geworden und Niemand will ihn mehr erkennen. (S. weiter unten, „Märchen" Nr. 1) Die nationale Harfe — jetzt nur noch sichtbar im Wappen Irlands — ist lange verklungen; das plumpe Schnarren des Dudelsacks hat ihre goldenen Töne längst erdrückt. Als aber der blinde Hugh in O'Donoghues Schlosse den Dudelsack zu blasen beginnt, da stürzt der greise Harfner des zauberhaften Maikönigs zitternd hervor und durchbohrt mit einem Degen die Bälge des verhaßten Spielwerks, das seine geliebte, altehrwürdige Harfe verdrängt hat. (S. das. Nr. 9) An solchen Zügen ist das irische Märchen sehr reich; es gewinnt dadurch jenen religiös-politischen Hintergrund, der es von den Märchen aller andren Nationen und sogar von denen aller celtischen Stammverwandten durchaus unterscheidet. Hier nur beiläufig eine Bemerkung gegen Keightley, der in seiner sonst nicht werthlosen „Feen-Mythologie" (Fairy Mythology, p. 363) für die irischen Märchen einen germanischen Ursprung annimmt, indem sie durch die Dänen importirt worden seien. Sein Hauptargument, daß der gewöhnliche Aufenthalt der irischen Feen „im Innern der Hügel sei, welche die Iren Raths und die Engländer Motes nennen und deren Erbauung von den Bauern den Dänen zugeschrieben wird", spräche nicht für ihn, wenn es wahr wäre; und spricht gegen ihn, da es nicht wahr ist — ganz abgesehen davon, daß es wol einen Sinn hat, einen indo-germanischen, nicht aber einen germanischen Ursprung anzunehmen.

Diese Feenwohnungen sind — wenn man sie wissenschaftlich untersucht — unter sich sehr verschiedene Reste altheidnischer Baukunst. Die wichtigsten derselben sind diejenigen, welche Mote (Moat oder anglisirt: Mound) Dun, Rath und Carn heißen, von welchen die drei ersteren Arten Erdbauten (Gerichts- und Festungshügel), die letztern Steinbauten (Grabhügel) sind. Die heute noch vorhandenen Reste derselben werden vom gemeinen Volke durchaus zusammengeworfen, und unterschiedslos bald Dun oder Rath, oder Mound und Carn, am liebsten aber Fort (Festung) genannt. Sie sind der Meinung, daß diese Hügel von den Dänen angelegt und als Festungen benutzt worden seien, weshalb sie dieselben nicht selten „Dänenfestungen" (Danesforts) nennen, wie Brighit z. B. dies auch mit dem ihrer Hütte benachbarten Hügel that; (vergl. Insel der Heiligen I, pag. 237). Dies kommt daher, daß all' diese in sich und unter sich sehr verschiedenartigen Bauten, doch jetzt — überwachsen, verwildert und zusammengestürzt, wie sie sind, — äußerlich eine große Aehnlichkeit mit einander haben. Alsdann daher, daß die Kirche der frühsten Zeiten in ihrem vielfach sichtbaren Bestreben, durch Sich-Aneignung der heidnischen Monumente, diese selbst zu christianisiren, auch diese heidnischen Bauten zu Wällen ihrer gottesdienstlichen Gebäude machte, wie sie die druidischen Steinsäulen zu Trägern ihrer Kreuze gemacht hatte. Oder sie ahmte wenigstens diese Heidenbauten nach und gab ihnen die alten, beim Volk, einmal beliebten und diesem geläufigen

Namen. Ein letzter Grund dieser Verwirrung endlich war, daß selbst die Wissenschaft lange rathlos schwankte und nach Dr. Ledwich's durchaus willkührlicher Theorie annahm, daß sie ebenso, wie die Rundthürme den dänischen Eroberern zuzuschreiben seien, bis Beaufort in seinem Preisessai „Upon the state of Architecture and Antiquities, previous to the landing of the Anglo-Normans in Ireland" (Transactions of the Royal Irish Academy, 1828) dem einen Irrthum und Dr. Petrie in seiner berühmten Schrift über „The Roundtowers of Ireland" (Transact of the R. I. Acad. 1845) dem andern für immer ein Ende machten. Wie die Rundthürme irisch-christlichen, so sind die genannten Bauten durchaus celtisch-druidischen Ursprungs.

Es ist das große Verdienst der deutschen Linguistik und namentlich Caspar Zeuß's, nachgewiesen zu haben, daß die Celten im strengsten Sinne des Wortes Indo-Europäer sind; und die epochemachenden Resultate des Letzteren bestätigend, hat Theodor Benfey neuerdings gezeigt, daß die Wurzeln der celtischen Märchen bis in die Thäler von Hindostan reichen. Der Märchenschatz aller Indo-Europäer ist ein ursprünglich gemeinsamer; und das Thema unsres deutschen „Knüppel aus dem Sack" z. B. findet sich in einer irischen Variante wieder (s. unter Märchen Nr. 12 am Ende). Die Fortbildung des Märchens aber geschah bei jedem einzelnen Stamme der großen indo-europäischen Race unter den besonderen Einflüssen der Länder, die sie durchwandert, bis sie zur Ruhe kamen, den eigenthümlichen Anlagen, mit denen sie ausgerüstet waren und den mannigfaltigen Schicksalen, die sie erlebten, auf eine verschiedene Weise. Und in diesem Sinne herrscht bei aller fundamentalen Verwandtschaft doch eine große Verschiedenheit zwischen den

Märchen der Celten und denen der Germanen, wiewol in diejenigen der Gaelen durch ihren Verkehr mit den Leuten von Lochlin, den Skandinaven, sich wiederum einige specifische Züge der nordischen Mythe eingewebt haben (s. darüber besonders Campbell's, Sean Sgeulachdan Gaidhealach, Edinburgh 1860), welche in denen von Irland fehlen, ganz so wie dies auch bei der Ossians-Poesie beider Länder der Fall ist. (vgl. darüber M'Lauchlan's, „Notices of ancient Gaelic poems", in den „Proceedings of the Society of Antiquaries of Scotland," vol. II. part 1). Sonst aber trägt die gesammte Märchenlehre der Celten, der bretonisch-walisischen sowol als der irisch-schottischen, Züge der Familienähnlichkeit an sich, welche auf den noch bestehenden internationalen Verkehr und Zusammenhang der genannten celtischen Völkerschaften deutend, weit vor die Zeit der dänischen Invasion in Irland hinausweißt. (Nach Zeuß's „Grammatica celtica" verstanden sich die genannten Völkerschaften höchstens bis zur Zeit des Tacitus, während im 8. Jahrhundert bereits ein lebendiger Sprachverkehr nicht mehr möglich war!) Auffallend namentlich ist die oft zur völligen Identität gesteigerte Aehnlichkeit zwischen den irischen und walisischen Märchen; ich bitte unter diesem Gesichtspunkt den letzten Theil des von mir mitgetheilten Märchens „O'Donoghues Dudelsack" und die Partie des Märchens „Schön Nora", wo von der Salbe die Rede ist, sowie das von Crofer erzählte Märchen „die Brauerei von Eierschaalen" (Fairy legends, I, 65) mit den walisischen Märchen „Telyn, die zauberische Harfe", „der Zauberbalsam", „der Erntefchmaus in der Eierschaale" und „die Suppe in der Eierschaale" (s. meinen Herbst in Wales ꝛc. 117. 107. 110—114) zu vergleichen. —

Bei dieser ursprünglich nationalen Verwandtschaft springen nun aber jene oben angeführten charakteristischen und specifischen Züge in der selbständigen Fortentwicklung des irischen Märchens um so bedeutender ins Auge. Der Kampf der Nationalität, mit Allem, was sie in sich schließt, ward in Wales nie so heftig auf Tod und Leben geführt als in Irland, und hat sich seit der Zeit Heinrich's VIII. schon beruhigt und in den vollständigsten Frieden aufgelöst, der freilich nicht ohne wehmüthige, ihn unendlich verschönende Rückblicke auf die „besseren Tage der cimbrischen Herrlichkeit" ist und sich gelegentlich einmal in Liederfesten und maskirten Versammlungen Luft macht, die von „Times"*) und „Punch" lächerlich gemacht werden. Während es in Wales nur noch einige alte Mütterchen sind, die — und auch das mit Widerstreben — die Märchen ihres Volkes erzählen, so erzählt in Irland jedes Kind, das man auf der einsamen Landstraße oder in der Haide trifft, seine wunderbaren Geschichten, die nicht mit „Es war einmal" anfangen, sondern sich auf die jüngste Zeit beziehen, und seinem Vater, seiner Mutter oder gar ihm selber begegnet sind. Vor dem Zinsvogt, der ihm den kärglichen Hausrath pfändet, vor dem „Gauger", der ihn der strafenden Gerechtigkeit überliefert, wenn er heimlich in der Stille der Nacht und des Moores sich ein Fäßchen Wachholderschnaps bereitet hat, flüchtet der irische Bauer seinen Haß, seinen Groll, seinen Ingrimm in die Märchenwelt; und die Feen und Geister von Irland setzen den Kampf fort, den seine Männer lange schon aufgegeben haben.

---

*) Siehe darüber meinen Artikel „Das alte Wales" in Lehmann's „Magazin für die Literatur des Auslandes", Nr. 10. 1860. p. 113.

Hier aber sehen wir nun sogleich, daß Unglück so wenig den Menschen, als die Feen besser macht. Die Feen und Geister zeichnen sich durch ihr finstres, menschenfeindliches Wesen, ihre Bosheit und Grausamkeit vor den Feen und Geistern aller andern Völker aus. Kein anmuthiger, liebenswürdiger Zug, der ihr Gesicht oder ihr Herz verschönte; ihre Lust ist Unheilstiften und Zerstören, ihre Nähe bringt Verderben. Wo in den Märchen und in der Musik von Wales nur noch die wehmüthigen Mollaccorde zu vernehmen sind, da herrscht in Irland die grelle, herzzerreißende Disharmonie, das räthselhafte Springen, der dunkle, fragmentarische Schluß. Alles, was im Märchenreich anderer Völker, selbst der verwandten, schön, lieblich, anmuthig erscheint, findet sich hier in's Gegentheil verzerrt. Der Puck ist in Wales ein kleines, allerliebstes Wesen, das am Schnabernack und munteren Scherz seine Freude hat; in Irland hat sich der Phuka in einen Bullochsen verwandelt, der die Menschen durch Koth und Dornen schleift und sie zuletzt mit der Drohung verläßt, er wolle sie bei künftiger Gelegenheit tödten. Während sie in Wales „tylvyth têg" die schöne Familie und „dynon bach têg" das kleine Feenvolk sind, mit denen zu tanzen und zu spielen, der Kinder höchste Wonne ist; welche liebende Mädchen mit ihren Geliebten vereinen, gute und fleißige Menschen herrlich belohnen und selbst mit Trunkenbolden nur Scherze treiben, die sie zu bessern bestimmt sind: so documentirt sich der heftig bösartige Charakter dieser ewig schädlichen Wesen in Irland dadurch, daß sie Kinder stehlen, Mädchen entführen und den Zustand berauschter Männer hinterlistig benutzen, um sie in ihre Gewalt zu zwingen. Anderwärts suchen die Menschen die hülfreiche Nähe dieser Feen; hier sucht man sie ängstlich zu vermeiden und flieht sie. „O, wie zitterten wir Kinder," sagte Brighit einst, als sie mir von den Erinnerungen ihrer ersten Jugend sprach, „wenn wir zur Dämmerzeit bei dem großen Fort vorüber mußten, welches nicht weit von Tralee liegt! Und wie hätten wir es je gewagt, in der Nähe desselben Aepfel zu stehlen!"

Furcht ist das einzige Gefühl, das der irische Bauer für die Feen hegt, die man an andern Orten mit Verehrung und Liebe betrachtet; und obgleich sie nach seiner Meinung das böswilligste Volk von der Welt sind, so wagt er doch, aus Furcht vor ihnen, sie nie anders zu nennen, als „das gute Volk!" —

Neben diesem dem irischen Märchen ganz eigenthümlichen Zuge, der aus dem social-politischen Zustande Irlands entspringt, muß ich hier noch eines anderen gedenken, der — nicht minder eigenthümlich, aber bei Weitem erfreulicher, indem er auf die intensiv-poetische Grundstimmung des irischen Volkes zurückzuführen ist — dem Märchen desselben einen neuen, sonst unbekannten Reiz verleiht. — Die Märchen selbst sind nicht selten dem bunten Träumen der Kinder verglichen worden: sie bekommen schönes Essen, man giebt ihnen schöne Kleider, sie fahren durch die Luft, unter's Wasser, in die Berge.... Wenn nur irgendwo, so gleichen die Märchen von Irland solchen Träumen; aber es sind meistens sehr schwere und ängstliche Träume. Alle Phasen des Schlafs, jede Erscheinungsform des Traumes bildet sich in diesen Märchen auf eine den Psychologen täuschend getreue Weise ab; sogar der Zustand des Alpdrückens kommt in den Märchen vom Phuka so natürlich zum Vorschein, daß Jeder, der einen solchen Zustand selbst einmal durchgemacht, von der Wahrheit dieser durch die Volkspoesie vermittelten Schilderung frappirt sein wird. Dieser traumhaft aufgeregte Zustand der Phantasie hängt mit einem andern Zuge des irischen Volkscharakters zusammen, der gewissermaßen nur seine Kehrseite bildet. Indem nämlich den Ausgangspunkt der irischen Märchen fast immer die Trunkenheit der darin agirenden Personen, der hierauf folgende Schlummer der auf offner Haide Hingesunkenen und endlich ihr traumhafter Zustand bildet: werden wir auf die in Irland herrschende Neigung zu berauschenden Getränken geführt. Ich sage nicht „Neigung zum Trunke"; der Deutsche, mehr noch der Engländer, hat diese Neigung, die in der viehischen Bewußtlosigkeit zuletzt ihr Ziel findet; der Irländer hat sie nicht.

„Das wesentliche Element des poetischen Lebens der Celten", sagt Renan (in seiner Abhandlung „la poésie des races celtiques, Essais de Morale et de Politique p. 386. Paris 1859"), „ist das Abenteuer, das heißt, die Verfolgung des Unbekannten, ein Rennen ohne Ende nach dem Gegenstand, welcher stets vor dem Verlangen herflieht. Das ist's, was der heilige Brandan jenseits der Meere träumte — diese Race will das Unendliche, sie dürstet danach, sie verfolgt es um jeden Preis über das Grab, über die Hölle hinaus." Aus diesem visionären Hange nun erklärt der liebenswürdige Franzose die erwähnte Neigung der Irländer zum berauschenden Getränke. „Sagt nicht, daß es grobe Genußsucht sei, denn niemals war ein Volk in allen übrigen Dingen enthaltsamer und freier von jeder Sinnlichkeit; — nein! sie suchen im Whiskey, was der heilige Brandan auf seine Weise erreichte: die Vision der unsichtbaren Welt!" — Darum auch spielt der Whiskey in der Volkspoesie Irlands seine Rolle; kein noch so zartes Stück dieser Gattung, sei es erotischen oder klagenden Inhalts, wo er fehlte — und groß ist die Zahl der Strophen aus alter und neuer Zeit, die einzig seinem Preise gewidmet sind.*) Wenn er auf die heftige Blutwallung des südlich erregten Irländers und seine natürliche Indisposition trifft — da nicht wie in England, Holland, dem deutschen und scandinavischen Norden Kälte und Feuchtigkeit wirksame Reagentien sind — so übt er seinen Zauber; der ärmste Bettler, der eben noch im unwirthlichen Moore geirrt, sinkt plötzlich vor der Schwelle der Geisterwelt nieder — er hört ihre Musik, ihre Thore öffnen sich und er darf eintreten — er, der ärmste Bettler, nimmt seinen Sitz zur Seite des Feenkönigs ein, ... holdselige Frauen laden ihn zum

---

*) Aus der unübersehbaren Reihe dieser Whiskey-Lieder will ich nur einige der populärsten nennen: „A sup of good Whiskey" — „Whiskey, drink divine!" und besonders das alt-irische „Houiski croidhe na n-anaman" (Whiskey soul of revelry). — Uebrigens werden einige statistische Notizen hier nicht uninteressant sein. Sir W. Petty, der im Jahre 1682, als Dublin erst 6025 Wohnstellen zählte, schrieb, berichtet, daß 1200 derselben Wirthshäuser seien, in denen berauschende Getränke verkauft würden. 1798 war in Thomas-Street fast jedes dritte Gebäude ein Bier- und Schnapshaus — von 190 hatten nicht weniger als 52 die Schankgerechtsame. In den oberen Klassen der Gesellschaft ward Rothwein getrunken, denn „Claret ist der Trost der Clerisei", wie es im Volksliede heißt, und so groß war der Consum, daß im Jahre 1763 an 8000 Tonnen eingeführt wurden, und der Werth der Flaschen allein sich auf 67,000 Pfd. St. belief! — Ich selber erinnere mich noch wol der elenden Hütten, einsam über die neglose Haide verstreut, mit der Holztafel und der halbverwischten Inschrift: „Licensed for ale and spirits" .... „Licensirt für Geister" — welch bezeichnender Doppelsinn! Es vergingen oft ganze Tage, wo die einzigen menschlichen Behausungen, die ich sah, diese Hütten waren, welche die Licenz hatten, mit „Geistern" zu wirthschaften. — Uebrigens ist die Whiskey-Leidenschaft in Irland verhältnißmäßig erst jüngeren Datums. Giraldus Cambrensis, der den Iren doch gewiß Nichts geschenkt haben würde, hat kein Wort davon. „Sie entstand unter einem verarmten Volke, das in seiner eigenen Achtung durch die Handhabung von Gesetzen gesunken und herabgekommen war, die auf Bigotterie begründet und mit Parteilichkeit und Ungerechtigkeit angewendet wurden. Die Iren sind, wie nur je ein Volk es war, für diese Neigung zu entschuldigen. Sie wurden zu derselben durch Unterdrückung getrieben und setzten sie aus Gewohnheit fort." Hardiman, Mistrelsy, I, 168.)

Genusse ein, der allerduftigste Trank wird ihm in goldenen Bechern gereicht.... eben will er zugreifen, da erscheint ihm ein altes, bekanntes, trauriges Gesicht — „Thu' es nicht — rühre Nichts an, so lieb Dir Deine Freiheit ist!" sagt das alte, bekannte, traurige Gesicht — „ich ließ mich verleiten, und bin nun für ewig gefangen...." Der Fremdling im Feenreich weist nun die schönen Gaben von sich, der König fährt zornig auf, die Geisterwelt empört sich gegen ihn und stößt ihn hinaus... und nach seinem Rausche — vielleicht daß ein Wanderer, der des Weges zog, den Schläfer mit einem Fußstoß geweckt hat! — erwacht er, er, der ärmste Bettler, auf unwirthlichem Moore, und fröstelnd, elend, voll Heimweh nach der schönen Welt, die er verloren, erzählt er dem Wanderer das Märchen, das er erlebt hat....

Das ist die Genesis des irischen Märchens; und Spuren derselben, mehr oder weniger verwischt, je nach der Wanderung, die es durch Zeit und Raum bis zu uns zurückgelegt, trägt ein jegliches noch an sich. —

Die eigentlich herrschende Bevölkerung dieser Märchenwelt — zu welcher die übrigen, späterhin noch aufzuführenden Geister in einem Verhältniß größerer oder geringerer Abhängigkeit stehen, die sich in einem Falle (beim Luprechaun) sogar zur völligen Dienstbarkeit steigert — bilden die Feen. Ueber die Herkunft derselben findet sich in Irland der auch in der Feenmythologie anderer Völkerschaften vorkommende Glaube, daß sie von dem Theil der gefallenen Engel abstammten, welcher weniger schuldbeladen als der Rest, nicht in die Hölle getrieben ward, sondern bis zum jüngsten Gericht und der Erlösung auf Erden wohnen darf. Alsdann aber werden sie wieder von Gott zu Gnaden aufgenommen werden. Und wenn es nicht aus Furcht vor diesem Tage wäre, so würden sie auch den Menschen und dem Vieh viel mehr Böses zufügen, als sie schon thun. Auf's Klarste ausgesprochen findet sich dieser dämonologische Zusammenhang zwischen den verstoßenen Engeln und den Feen am Ende einer alten Heldendichtung: „Cuchullin's Krankenbett und Eimer's Eifersucht", welche neuerdings von Eugen Curry herausgegeben worden ist. (S. The *Atlantis*, January 1859, p. 124.)

In einigen Gegenden, wo die dänischen Reminiscenzen noch besonders lebhaft sind, hört man auch wol, daß die Feen die Geister der Dänen seien, welche in den finstern Forts und Hügeln keine Ruhe gefunden hätten. Anderwärts werden sie mit den Tuatha de Danans*) in Verbindung gebracht, einem in der Urgeschichte Irlands oft vorkommenden Worte, welches von den

---

*) Als (im Lied von der „Jagd von Slive Guillin," Drummond, Anc. Jr. Mr. p. 45 ff.) der Ritter Gaoille den durch Feenkraft in einen Greis verwandelten Helden Finn wiederfindet, fragt er ihn: „welcher zaubermächtige Danan-Feind hat solch eine Wandlung hervorgebracht?" Eine Tochter der Tuatha de Danaus, unter dem Namen Cailleach Blorar, sitzt nach dem Volksglauben noch heute in einer Höhle des Lough Dogbrad, in der Provinz Ulster, welcher die Eigenschaft hat, die Haare der Menschen zu bleichen. Dieser See ist durch Druidenmacht entstanden, so daß wir an diesem Beispiel den Zusammenhang zwischen Druiden und Tuatha de Danans — sei er auch nur dadurch vermittelt, daß beide in ihrer Flucht vor dem Christenthum in ihrem Exil zu Feen geworden! — und weiterhin erkennen, wie in jener Flucht das druidische Priesterthum sich in Hexenthum und Zauberei verwandelte, eine Metamorphose, die sich schon im Namen ankündigt, da „draoidheacht" zuerst den Begriff des Druidischen hatte und erst später den noch heute gültigen des Hexenhaften annahm. — In einem anderen finnianischen Gedicht (Laoi an buadais, Gesang des Sieges, bei Drummond, a. a. O. p. 255 ff.) wird erzählt, wie der Häuptling des Danan-Feindes von Sliabh Juald durch Zauberkunst jedes Jahr, wenn das Herbstfest in Tara stattfand, die Versammelten in Schlaf versenkt und dann das Schloß in Brand gelegt habe, bis Finn ihn in furchtbarem Kampfe besiegt und sein Haupt geisterhaft bleich und in Blut getränkt, auf seinen Speer gespießt habe.

Einen als Namen der erften vorkommenden Bewohner Irlands;
von den Andern als Bezeichnung der Druiden gedeutet wird, so
daß in allen Ueberlieferungen mit dem Ursprung der Feen sich der
Begriff des Verstoßen- und Gefallenseins vereinigt findet. Von
Aussehen sind sie insgemein alt, häßlich und abgelebt, aber sie
haben eine unbegrenzte Macht, sich in jede beliebige Form zu verwandeln und nach Gefallen bald sich unsichtbar zu machen, bald
die lieblichsten Gestalten anzunehmen, in welchen sie die Menschen
täuschen. Jedoch ist auch den Menschen ein Mittel gegeben, sie
in glücklichen Fällen einmal zu überlisten. Wer nämlich ein vier-
blättriges Kleeblatt besitzt, hat die Macht, das gute Volk zu sehen,
wo immer und wie es erscheint, ohne von ihm gesehen werden
zu können.

Auch in Thiere, namentlich in Katzen können sie sich verwandeln. Gewöhnlich jedoch erscheinen sie in kleiner Menschen-
gestalt und tragen grüne Röcke mit rothen Kappen. Die Mun-
ster-Feen tragen weiße Strümpfe, rothe Schuhe, schwarze Kappen,
auf denen die rothen Glocken des Fingerhuts wehen. Irgend etwas
Rothes fehlt in ihrem Anzug nie. In früheren Zeiten sollen
sie sehr gutmüthig gewesen sein, und denen, die sie liebten, aus
allen Gefahren und jeder Noth geholfen haben. Heut zu Tage sind
sie es nicht mehr; besonders sollen sie durch die Verfolgung, die sie
von den Protestanten zu erleiden hatten, aufgebracht und zornig
gemacht worden seien. Die Feen von heute sind bös, thun den
Menschen Schaden und richten jedmögliches Unheil an.

Darum fürchten die Menschen sich vor ihnen und suchen Alles
zu vermeiden, was sie reizen könnte. Namentlich können sie es
nicht vertragen, wenn man sie bei ihrem rechten Namen nennt,
und darum hütet sich der irische Bauer wol, — da sie immer

wenn auch ungesehen, in der Nähe sein und es hören könnten — sie so zu nennen. Mit ihrem rechten Namen heißt die Fee: Schi, Schia, Schifra (so namentlich in Munster), Schiog (Schibaighe in den alten finnianischen Gesängen); im Westen Dhaoine-Schi, im Norden Ganconer. Der Name, den man ihnen in den Theilen von Irland, wo englische Sprache und Cultur vorwiegend herrscht, um sie zu besänftigen, giebt, hängt mit dem eng zusammen, der sich in den Gebieten des germanischen Feenglaubens findet. Man nennt sie dort besonders gern „das gute Volk", eine Bezeichnung, welche namentlich in Deutschland von hohem Alter ist. „Die Dämonen, welche täglich einen Theil der Arbeit verrichten, das Vieh besorgen, werden, weil sie des menschlichen Geschlechts Freunde sind oder wenigstens zu sein scheinen, von den Deutschen „Gütel" („den frommen Güttchen nah verwandt", Göthe's Faust, II. Theil, 1. Act) genannt" (G. Agricola, De re metall. libri XII. p. 492). Ihr hauptsächlich vorkommender deutscher Name ist: „Gutgesellen, gute Holden"; in Niederland heißen sie „goede kind", in England „good fellows." In dem oben angedeuteten Rayon werden die Feen in Irland „the good people", „the gentry" und am Häufigsten „the gentelmen" oder wie sie es dort sprechen „dschintelmin" genannt; in den alten Heldengedichten Irlands findet sich zuweilen die Bezeichnung: „Frauen von den Hügeln" für sie. Während in der germanischen Umschreibung das Hauptgewicht auf das „gut" gelegt wird, zeichnet die celtische Höflichkeit mehr das Schöne, Anmuthige und Kleine des Begriffes aus. So heißen sie in Wales Tylwyth têg, die schöne Familie und besonders dynon bach têg, das kleine Feenvolk; in Hochschottland daoine beaga, die kleinen Leute; im Süden von Irland boghelin, kleine Jungen, und im Norden mit angloirischer Wortbildung bea-folk, das kleine Volk. Doch hat auch der germanische, mehr ethische Ausdruck seinen Weg in die irische Feenlehre gefunden; man hört vom „guten Volk" als „dhaoine maith" auch in den national-irischen Districten sprechen und kann die Spuren desselben sogar noch im Hochschottischen „shitich", Friedensstifter, und „dhaoine shith", die friedlichen Leute, erkennen.

So wie man sich nun hütet, sie durch eine ihnen unliebsame Bezeichnung zu erzürnen: so sehr und für noch gefährlicher wird es gehalten, sie zu verscheuchen. Wir werden auf einem der folgenden Blätter sehen, wie der irische Bauer am Morgen des ersten Maitages, wo die Feen besonders geschäftig sind, sich in Acht nimmt, daß das Feuer auf dem Heerde nicht zu stark brenne, weil die kleinen, luftigen Wesen den aufsteigenden Rauch fliehen. Wir haben an einer andern Stelle (s. meine Insel der Heiligen, I, p. 239) von Brighit gehört, wie die Feen sich an dem Edelmann von Killarney, der das ihrem Hügel benachbarte Feld trotz ihrer Warnungen umpflügen ließ, rächten, und werden unter den Märchen ein weiteres Beispiel, welches wir gleichfalls ihr verdanken, mittheilen (s. „der Onkel aus der Feenwelt"). Aus dem Westen von Irland erzählte ein Dienstmädchen, ihrem Herrn, Shirley Hibberd, folgende Geschichte, welche er in den „Notes and Queries" (V, p. 55) veröffentlichte. „Mein Vater war ein Schmidt in der Nähe von Galway, und ward wegen mancher Wohlthaten, die er von der Nacht überfallenen Reisenden erwies, ein großer Liebling der Feen. Sie pflegten des Nachts, nachdem wir Alle zu Bett gegangen waren, seine Schmiede zu besuchen und hier mit solch recht gutem Ernst an die Arbeit zu gehen, daß sie bei allen Gelegenheiten fertig machten, was über Nacht unvollendet war liegen gelassen worden. Wir erwachten dann jedes-

mal von dem Schnaufen der Blasebälge und dem Gehämmer auf
dem Amboß; aber es war eine unveränderliche Regel für die
Feen, alle Werkzeuge, die sie während der Nacht gebraucht hatten,
wieder an ihren Ort zu legen, ja obendrein, wenn die Schmiede
am Abend in Unordnung gelassen worden war, brachte das gute
Volk sie in Ordnung, kehrte die Flur und machte Alles hübsch
und gut vor dem Morgen. Bei einer Gelegenheit aber, als Einer
von uns krank ward, ging der Vater um Mitternacht in die
Schmiede zurück, um eine Medizin zu holen, die er auf einem
Sims daselbst gelassen hatte. Da aber mußte es ihm widerfahren,
daß er das gute Volk, welches grad seine Arbeit begonnen hatte,
in die Flucht jagte; und von dem Augenblicke an blieben sie nicht
blos aus, sondern fügten uns auch auf jede Weise Böses zu. Ein
fettes Schwein starb uns am folgenden Tag; unser kleiner Tile
bekam die Masern, und Unglück folgte ohne Ende. Neben dieser
geheimen Rache äußerten die Feen ihren Unwillen noch dadurch,
daß sie uns viele Nächte lang durch einen Lärm beunruhigten,
welcher so klang, als ob unaufhörlich händevoll Erbsen gegen die
Fenster geworfen würden." —

Man kann daher denken, wie ängstlich sich die Menschen be-
mühen, den Feen keinen Grund zum Aergerniß zu geben; aber
trotzdem lassen diese von ihrer anerschaffenen Bosheit nicht ab.
Sie schlagen den Wandrer oft plötzlich mit Lahmheit und anderen
Zufällen, dem sg. Feenschuß; und treffen mit ihren Elfenpfeilen
das weidende Vieh. Sie entführen nicht selten junge Mütter;
welche alsdann in ihrem Zauberreich die Feenkinder säugen müssen; ihre Leidenschaft aber ist, Kinder aus der Wiege zu stehlen.
Brighit erzählte mir, daß sie eine vornehme und reiche Dame
gekannt habe, der drei oder vier Kinder kurz hintereinander ge-

storben waren. Man habe allgemein geglaubt, daß die Feen sie geholt hätten. Da habe diese Dame nun ihr Nächstgeborenes der heiligen Jungfrau geweiht und von der Wiege auf ganz in Weiß gekleidet. Sogar die Schuhe, die es trug, mußten stets weiß sein. Als es älter wurde, durfte es nicht einmal auf einem schwarzen Pferde reiten, sondern bekam ein weißes Pony. Als der Knabe indessen zu einem Jüngling von ungefähr zwanzig Jahren herangewachsen war, da stürzte er eines Tages vom Pferd und starb — „denn", so schloß Brighit, „gegen die Feen hilft Nichts!" — Selbst da, wo es, wie in Kerry vorkommt, daß sie gewissen Familien, die ihnen besonders ergeben sind, in bedenklichen Augenblicken Hülfe und Beistand, oft sogar Genesung von tödtlicher Krankheit gewähren, kommt am Ende doch ihre bösartige Natur wieder zum Vorschein. „Denn da die Mitglieder dieser Familien ihren Elfen nach dem Tode zufallen, so ist derselbe für sie ein Fest, wo einer der Ihrigen in ihre Gesellschaft eintritt. Daher verlangen sie von den Menschen, daß sie bei Leichenzügen sich einfinden und sie dadurch ehren; sie selbst feiern die Bestattung des Todten wie ein Hochzeitsfest, tanzen über seinem Grabe und eben deshalb wählen sie auch Kirchhöfe zu ihren Lieblingsplätzen. Oft entspinnt sich heftiger Streit, wem ein Kind zugehöre, den Elfen des Vaters oder der Mutter, oder auf welchem Kirchhof es solle begraben werden. Die verschiedenen Parteien der Unterirdischen hassen und bekriegen sich dann ebenso feindselig wie Stämme der Menschen, ihre Kämpfe finden in der Nacht am Kreuzwege statt, und oft trennt sie nur der einbrechende Tag". (Croker's Elfenmärchen, übersetzt durch die Gebrüder Grimm.)

Aber auch bei sonstigen Veranlassungen hört man von den

erbitterten Kämpfen der Feen unter einander. Der Schauplatz eines der populärsten dieser Feenkriege ist in der Nähe des Lough Scur in der Grafschaft Leitrim, im westlichen Irland. Hier zieht sich eine Hügelkette am Ufer des See's dahin und auf zwei der höchsten Spitzen finden sich zwei jener Carns, welche das Volk zu Feenwohnungen gemacht hat, Sigh-mor das eine, Sigh-beg das andere genannt. Von diesen Steinhaufen geht die Sage, daß unter dem letzteren einer von Fin Mac Culs Helden und unter dem anderen einer von seinen Feinden bestattet sei, nachdem zwischen beiden in diesem Thale eine große Schlacht geschlagen worden. Nun wird weiter erzählt, daß lange nachdem jene Schlacht beendet, die luftigen Bewohner von Sigh-mor und Sigh-beg dieselbe fortsetzten. Die Königinnen dieser Feenpaläste ergriffen die Sache der streitenden Parteien, deren Führer in ihren beiderseitigen Reichen begraben lagen; und als die sterblichen Kämpfer längst aufgehört hatten zu fechten, ward der Krieg durch ihre unsterblichen Bundesgenossen jahrhundertelang ununterbrochen fortgesetzt. Die Bauern der Umgegend wußten oft von neuen Treffen derselben zu erzählen; und so lebendig war der Glaube daran noch im vorigen Jahrhundert, daß einer von den Gast-freunden des berühmten Barden Carolan, als er seine Halle besuchte, ihm die letzte Schlacht, die zwischen den feindlichen Feen von Sigh-mor und Sigh-beg stattgefunden, als Thema für seinen Gesang gab. Das durch diesen Vorgang entstandene Lied und seine Melodie ist unter dem Namen „die Feenköniginnen" noch bekannt, (vergl. Hardiman, Irish Minstrelsy I. Indrobuct. XLVIII).

Ihre eigentliche Heimath ist der irische Süden und ihr Paradies war die Grafschaft Wicklow mit ihren lieblichen Thälern und herrlichen Gebirgen. Aber zornig sind sie aus demselben fortgewandert, als germanisches Wesen und englische Sprache sich daselbst festsetzten. Und nun sind sie über ganz Irland verstreut und ihre Wohnplätze sind im Innern jener oben beschriebenen Grab- und Festungshügel, von denen die Bauern sagen, daß sie Dänenwerk seien. Und da dieser Glaube noch heut in fast allen Gegenden Irlands verbreitet ist, namentlich im Süden und Westen, so betrachten die Bauern diese Feenhügel — von denen jeder einzelne seine besondere Geschichte und seine eigenen Wunder hat — mit Grauen und der Frömmste sowol als der Gottloseste wird sich, wenn er denselben nahe ist, wol hüten, von ihren unsichtbaren Bewohnern etwas Böses zu sagen.

Dort leben sie in Gesellschaft zusammen und von ihrer Anwesenheit giebt oft die wunderbare Musik Kunde, welche aus diesen Hügeln klingend, den darauf Rastenden bezaubert.*) Denn die Feen von Irland lieben die Musik und ebenso den Tanz leidenschaftlich. Sie sind in vier verschiedene Reiche getrennt, von denen jedes seinen eigenen Beherrscher hat. Der Feenkönig von Munster heißt Donn Firineagh (Donn, der Wahrsager) und sein Schloß ist im Knock-firin (Berg der Wahrheit), einem romantischen Hügel seiner Provinz, in der Grafschaft Limerick. Clina, die Feenkönigin von Kerry, wohnt in ihrem unsichtbaren Palast in Carrig Cliodhna, d. h. Clina's Fels, in der Nähe von Fermoy, fünf Meilen von Mallow, zur Rechten des Kreuzes von Domach-more in einem wilden Gebirgsstrich. Der Felsen ist ein großer grauer Stein von einer Anzahl kleinerer umgeben. Der Feenkönig von

---

*) Die Melodie dieser Feenmusik, welche nach Crofer's Mittheilung ein buckliger Bauer von den Feen des Knockgraften hörte, findet sich in des Genannten „Fairy Legends of the South of Ireland", I, 34. (Neue Ausgabe, p. 16).

Ulster heißt Macaneanta und er hält Hof in Scraba. Die Mächtigsten von Allen aber sind Mail, die oberste Feenkönigin von Irland und Fin Barra, der Feenkönig des wilden Westens. Seine Paläste sind in den berühmten Feenhügeln von Knock-maghan, Rath Croghan und Mullaghbuey. Sie machen oft weite Fahrten durch ihr Reich, ihre Reisewagen sind die Staubwolken, die im Wirbelwind dahinjagen, meist aber reiten sie auf kleinen Pferden, in die sich auf ihr Geheiß Strohhalme und Rübenstrünke verwandeln müssen. Ueberhaupt haben sie eine große Macht über die Pflanzenwelt, und eine Anzahl von Pilzen, Moosen und Blumen steht in der innigsten Beziehung zu ihnen. Die alten graubärtigen Dornbüsche, die auf Kreuzwegen wachsen, sind ihre Lieblinge, und wenn Jemand einen solchen ausreißt, so streuen sie ihm die Dornen und Stacheln des Nachts in sein Bett. Der Champignon, der in Irland so häufig vorkommt, heißt der Feen-Schwamm. Das, was in unsren Gärten englisches Gras genannt wird, nennt man in Irland Feen-Flachs. Die Blüthen der Glockenblume (campanula rotundifolia) heißen in der Volkssprache: Feen-Glocken, und die des Fingerhuts (purpurea digitalis) Feen-Käppchen. Auch „Bullegarnbeg", wie Brighit den Püstrich nannte, ist eine sehr gefährliche Feenpflanze; „wir nahmen uns wol in Acht," sagte sie, „wenn wir als Kinder auf's Feld oder in die Wiesen gingen, darauf zu treten, damit der Staub nicht herausfliege. Man kriegt es sonst mit den Feen zu thun." — Ferner gehört hierher eine gewisse Art von Pilzen „pukaun" oder Feenstühle genannt, auf welchen die Seelen der ungetauft verstorbenen Kinder sitzen; und endlich das verzauberte Gras, welches das Volk "Fear gortagh", das hungrige Gras nennt, und über dessen Entstehung Carleton (im Dublin University Magazine,

April 1856, p. 451) Folgendes erzählt: Wenn die Feldarbeiter im Sommer ihr Mittagsbrod verzehrt hatten, so warfen sie nachher die Brosamen und Ueberreste in den Kreis, woselbst sie gesessen, „zum Besten der Feen." Thaten sie dies jedoch nicht, so ließen die Feen zur Strafe dafür auf den Plätzen, wo sie gesessen, das „hungrige Gras" wachsen. Wenn man auf dieses Gras tritt, was namentlich auf weiten Wanderungen wol einmal geschehen kann, so kriegt man das, was man bei uns den „Heißhunger" nennt. Das beste Mittel dagegen soll ein Stück Haferkuchen sein, welches deshalb auch der irische Bauer nicht versäumt, in die Tasche zu stecken, ehe er sich auf die Wanderung begiebt. —

Dieses ungefähr ist das irische Feenreich. Es liegt hinter der wirklichen Welt, profanen Augen unsichtbar; es flattert gleichsam, ein Mariensommer in der Luft; es schwimmt, wie das alraunenhafte Gewächs der Seetiefe auf den hin- und wiederwogenden Wellen. Aber seine Wurzeln, seine letzten Endpunkte ruhen in dem Boden, auf dem wir Alle wandeln. Zwischen diesem Reiche und der Menschheit, die seine Nähe empfindet und doch das Gefühl hat, als sei es ihr endlos fern, steht eine Reihe von Mittelgestalten — Schöpfungen des Zwielichts, Bewohner der Dämmerung, die den Uebergang bilden von dem Sichtbaren zu dem Unsichtbaren. Diese Zwischenwesen, für welche wir die Vorstellungen passend finden, die unsre Sprache mit dem Ausdruck „Geister" verbindet, stehen wie ein Grenzvolk an den Marksteinen beider Welten. Sie sind den Menschen verwandter als den Feen; einige derselben sind sogar, ehe sie in gespenstischer Weise vergeistert wurden, Menschen gewesen. Zu den Feen stehen sie deshalb in einem untergeordneten Verhältniß; sie sind ihre Diener. Die niedrigste Stufe dieser Ordnung nimmt ein Wesen ein, mit dem der

Begriff, daß es ein rothes sei, sich stets verbunden zeigt. Bald heißt dieses Wesen Fear Dearg, der rothe Mann, bald Captain Dearg, der rothe Captain; und die Rolle, die es spielt, liegt unverändert auf den äußersten Grenzpunkten, wo beide Welten sich berühren. Im innern Haushalt der Feen sehen wir keine Spur seiner Thätigkeit.

Das „Roth" hat in der Ideen-Association so ziemlich aller Völker den Nebenbegriff des Mißtrauenerweckenden und Unheimlichen. Es läßt sich zunächst auf die natürliche Wahrnehmung zurückführen, welche dem Thier mit rothen Haaren, dem Fuchs, die bekannte Rolle in der griechischen Thierfabel und dem germanischen Thierepos zugewiesen hat; und welche auf Menschen mit rothen Haaren den Namen und einige der charakteristischen Züge des Fuchses überträgt.

Zu dem psychologischen Grunde des Widerwillens, der im Allgemeinen gegen rothes Haar gehegt wird, gesellt sich hier in Irland sogleich wieder ein entschieden nationaler. Diejenigen seiner Unterdrücker, welche ihr Werk am Frühsten und Blutigsten vollbrachten, und deren Spuren in Volkssage und Glauben vornehmlich am Tiefsten eingeschnitten haben: die Dänen haben rothe Haare gehabt. „Die Rothhaarigen sind durch das ganze Celtenland hindurch berüchtigt und erschrecklich. In Irland hat man mir oft im Scherz gesagt", erzählt Clement (Reisen in Irland p. 108) „sie wollten alle ihre Rothhaarigen nach Dänemark zurückschicken, wo sie ihren Ursprung hätten. Schechan an fher ruadh agus a chreag, d. h. komme nicht zwischen den rothen Mann und den Fels, ist ein Sprüchwort." — Dies ist der natürliche Ausgangspunkt einer Erscheinung, die in ihrer weiteren märchenhaften Entwickelung jedoch bei Weitem andere und selbstftändigere Formen annimmt. — Das Roth tritt im irischen Märchen sogleich als Lieblingsfarbe der Feen hervor. Der Feenkönig von Munster trägt einen Scharlachmantel und gern erscheinen auch die Feen in rothen Kleidchen. Die Ganconners haben rothe Kappen, sie heißen darum geradezu „Rothkappen." Nun sind aber die Vorstellungen, die das Märchen mit diesen rothen Wesen verbindet, sich keineswegs überall gleich geblieben. In Wales, nach der gutmüthigen Richtung, die hier das Märchen vorwiegend eingeschlagen hat, sahen wir einen Geist in der Gestalt eines jungen rothhaarigen Mannes, „der rothe Simon" genannt, dessen Gegenwart dem Hause, in welchem er weilte, Segen brachte, der aber auf einmal in unerklärlicher Weise verschwand, und von dem es sich alsdann herausstellte, daß seine Mutter eine Frau aus dem Kirchspiel, sein Vater aber ein böser Geist sei, der sich seiner Mutter einst in der Gestalt ihres rechten Ehemanns genähert habe. (Herbst in Wales S. 121, 122.)

Diesem walisischen Wesen ähnlich, auch darin, daß es den Charakter des spiritus familiaris an sich trägt, ist der **rothe Mann**, der vornehmlich in der Provinz Munster gesehen wird und von dem sich bei Croker eine Geschichte mitgetheilt findet.

Ein Mädchen erzählte ihm, daß eines Nachts, da sie noch ein ganz kleines Kind war, bei fürchterlichem Sturm und Regen ein Klopfen an der Thür ihrer väterlichen Hütte, und eine Stimme, wie die eines schwachen, alten Mannes, der um Einlaß bäte, vernommen ward. Nachdem man die Thür geöffnet hatte, kam ein kleiner, alter Mann herein, ungefähr zwei und einen halben Fuß hoch, mit einer rothen, zuckerhutartigen Kopfbedeckung und einem langen Scharlachgewand, das fast bis auf die Erde reichte. Sein Haar war lang und grau, sein Gesicht gelb und verschrumpft.

Er schritt zum Feuerherd, welchen die Familie in ihrer Furcht verlassen hatte, setzte sich nieder, trocknete seine Kleider und zündete sich eine Pfeife an, welche er daselbst fand. Die Familie begab sich zu Bett und am andern Morgen war er verschwunden. Ungefähr einen Monat später begann er regelmäßig jeden Abend gegen eilf Uhr zu kommen. Das Zeichen, welches er gab, bestand darin, daß er seinen haarigen Arm durch ein Loch in der Thür steckte; dann ward die Thür geöffnet, die Familie ging zu Bette und überließ ihm den Sitz am Feuerherd und das Zimmer ganz allein. Wenn sie die Thür einmal nicht öffneten, so geschah unfehlbar am andern Tage ein Unglück, entweder ihnen selbst oder ihrem Vieh. Im Ganzen jedoch brachten seine Besuche Glück und Wolstand, es ging der Familie gut, bis der Grundeigenthümer eines Tages sie aus ihrer Farm vertrieb. Seit der Zeit sahen sie den rothen Mann nicht wieder." —

Das irische Märchen jedoch bleibt bei dieser harmlosen Gestaltung nicht stehen; treu seiner Tendenz, hat es weiterhin auch dieses Wesen zum Träger des verbitterten Nationalgefühls gemacht. Ursprünglich ein unschädliches Wesen, nicht ohne einen Anflug von Milde, ja sogar von Wehmuth — als ob es über sein Verhältniß zu den feindlichen Wesen trauere, wenn es auf der traumhaften Grenze zwischen der Wirklichkeit und der Unwirklichkeit seine eigenen Wege zu den Menschen wandelt: wird es sogleich finster, tückisch, gewaltthätig und boshaft, wie die Feen, wenn es in ihrem Zuge auftritt. In dieser Fortentwickelung kommt das rothe Wesen besonders im Westen von Irland unter dem Namen „der rothe Captain" vor, und nicht unmöglich scheint es mir zu sein, daß hier das Gefühl des Schreckens und des Hasses, mit welchem die Irländer seit alter Zeit die englischen Soldaten, die nach ihrer

Kleidung sogenannten **Dearganagh** oder „Rothröcke" betrachteten, mitgewirkt habe. Der rothe Captain hat, wie schon der Name andeutet, etwas durchaus Militairisches. Man könnte ihn, wenn man die verschiedenen Züge seiner Wirksamkeit in ein Gesammtbild zusammentrüge, als den Thorhüter und Grenzwächter des Feenreichs bezeichnen, wie ja z. B. gradezu in dem Märchen von Bibby Manion der „Mann in Scharlach" als Pförtner vor dem Schlosse des Feenkönigs steht. (S. unter den „Märchen" Nr. 11.) Vielleicht spielt obendrein noch das Scharlach hinein, in welches die englischen Richter, welche den Blutbann über die Irländer ausüben, gekleidet sind; der rothe Captain geht ganz in Roth: er trägt einen rothen Mantel, einen rothen Rock, einen rothen Hut. Wenn die Feen eine Wanderung unternehmen, so ist er der Reisemarschall, der ihnen vorauszieht. Er ist brutal, befehlerisch, von hartem Herzen, das sich durch kein Bitten erweichen läßt. In dem Märchen von „Schön Nora" (s. das. Nr. 12) reitet er in der Nacht von Allerheiligen auf einem schwarzen Pferde und streitet mit einem Burschen, dem die Feen seine Braut entführt haben, auf Tod und Leben um den Besitz derselben, bis er sie, beim ersten Hahnenschrei, an Leib und Seele gebrochen, in den Zauberkreis schleudert. —

Ohne solche Macht, schädlich und gefährlich zu werden, aber unerschöpflich in kleinen Streichen der Bosheit und stets bemüht, in den ihm gezogenen Grenzen die Menschen so viel als möglich zu täuschen und zu betrügen, ist ein andrer Diener der Feen, der Luprechaun. Er ist der Schuhmacher der Feen; ein Wesen, das in der Gestalt eines hochbejahrten, altfränkisch gekleideten Männchens mit dreieckigem Hut und Schnallenschuhen erscheint, und nie ohne sein Pfeifchen gesehen wird. Er begiebt sich in der Regel nur zu einsamen und verrufenen Plätzen, wo man ihn durch den Lärm entdeckt, welchen er macht, indem er die Schuhe hämmert. Er ist reich, aber ein Geizhals, und nur die größten Drohungen, ihm ein Leides an seinem Körper zufügen zu wollen, können ihn veranlassen, den Platz zu zeigen, wo seine Schätze liegen; aber wenn die Person, welche ihn gefangen hält, verleitet werden kann (und das geschieht fast in jedem Falle!) ihr Auge von ihm abzuwenden, so verschwindet er plötzlich. Besonders hat er Macht über die „während der Unruhen" begrabenen Schätze; wieder — um es beiläufig zu bemerken — ein Zug, wo die moderne Zeit ironisch in's alte Märchenreich eingreift. Mit dieser Vorstellung mag denn wohl auch der Reim im Zusammenhang stehen, der im südlichen Irland verbreitet ist:

> Wenn Luprechaun's erscheinen,
> Dann giebt's bald 'was zu weinen.

Außer dieser Gewalt über verborgene Schätze hat er auch noch einen kleinen ledernen Beutel mit dem sog. „Glücksschilling", dem „spre na skillenagh" welcher sich, so oft er auch ausgegeben werden mag, immer wieder ersetzt. Seinen Namen habe ich in den verschiedenen Theilen der Insel mannigfach variirt gefunden. Der am Allgemeinsten verbreitete ist Lupreghaun; daneben findet sich häufig auch „Cluricaun", und Brighit nannte ihn „Lurreghaun", und sagte mir dabei, daß es viele Gegenden in Kerry gäbe, wo man ihn unter einem andern Namen gar nicht kenne; in den Wicklowbergen heißt er vorzugsweise „Lepreghaun". (Es ist daher unrichtig, wenn Croker und mit ihm die Gebrüder Grimm, Irische Elfenmärchen p. XIV. sagen, daß „lepreghan" den Wechselbalg bedeute.) Seine eigentliche Heimath sind die Berge von Wicklow und sein berühmter Aufenthalt daselbst die

Ruinen des Schlosses Ferns. An diese Ruinen knüpfen sich die traurigsten Erinnerungen für Irland. Hier war einst die Residenz Dermot Mac Murrough's, des verrätherischen Leinsterkönigs, welcher Dervogilla, das junge und schöne Weib O'Ruarc's, des Fürsten von Breffny raubte und dafür vom letzten Oberkönig Irlands, Roderich O'Connor, seiner Besitzungen entsetzt wurde. Um sich zu rächen, entfloh er nach England und gab Heinrich II, der, mit Hadrian's Bulle in der Hand, schon lange wartend gestanden hatte, die erwünschte Veranlassung zur ersten Invasion. Seine Oheime, Maurice Fitzgerald und Robert Fitzstephen, Bastardsöhne Heinrich's I. nebst einigen andern anglo-normannischen Baronen landeten mit ihrem Gefolge und begannen unter der Leitung Dermot's — der in der irischen Geschichte nicht anders als der Verräther heißt — die Eroberung des irischen Landes. Im Schlosse dieses Verräthers nun ist der Lieblingssitz des Lupreghaun; und fest ist der Glaube des Volkes, daß er sich dort auch heutzutage noch zuweilen zeige. Vor einigen Jahren noch, so hörte ich erzählen, erschien plötzlich dort unter dem alten Gemäuer ein mysteriöser Schuhflicker. Alte Schuhe, die man vor dem Eingang zu seinem halbverschütteten Schlupfwinkel hinsetzte, besserte er aus; aber Niemandem von seinen Kunden gelang es, ihn zu Gesicht zu bekommen. Nachdem er großes Aufsehn in Stadt und Land umher erregt hatte, verschwand er auf Einmal plötzlich, wie er gekommen war. Nach dem allgemeinen Glauben war er der Lupreghaun. Uebrigens leben die Spuren seiner Anwesenheit auch sonst noch im irischen Lande fort. „Es ist eine höchst auffallende Thatsache," sagt Clement, (Reisen in Irland p. 100.), „daß ganz im Innern der irischen Raths eine Menge Kreidepfeifen gefunden werden, welche man dänische Pfeifen nennt. Sie sehen ganz so aus, wie die kleinen Kreidepfeifen, welche das Landvolk in Großbritannien und Irland noch jetzt braucht. Ich habe mehrere davon gesehen. Wenn es gewiß ist, daß man damals noch keinen Taback gekannt, wozu sind denn diese Pfeifen gebraucht worden, deren Stiel, Röhre und Kopf ebenso aussehen, wie bei den jetzigen Tabackspfeifen?" Die Alterthumsforschung ist die Antwort auf diese Frage noch schuldig geblieben; der Volksglaube hat sie längst schon gegeben: Es sind die Tabackspfeifen, aus welchen der Lupreghaun, der Feenschuster, raucht! —

In noch engerem und auf empfindlichere Weise fühlbarem Verkehr mit den Menschen steht eine Reihe von jenen Zwischenwesen, die wir als Feld- und Wirthschaftsgeister bezeichnen können. In Bezug auf den Feldbau und die Fruchtbarkeit früherer Zeiten leben noch schöne und seltsame Traditionen im Volksmunde.

> Während der Zeit von Cormac, dem Sohn des Art,
> War glücklich die Welt und entzückend;
> Neun Nüsse wuchsen an jeglichem Zweig,
> Und drei Schock Zweige an jeglichem Ast.

Diese Verse sind noch heut ein Haushaltswort in den Bauernhütten Irlands. „Und", fügen sie hinzu, „dasselbe soll noch einmal statt gefunden haben unter Caschal Crobhdearg, der ein König von Connaught war vor sechshundert Jahren; und in beiden Fällen ist die Fruchtbarkeit des Bodens der Trefflichkeit der Monarchen zuzuschreiben, die ihn beherrschten." Das Andenken beider Monarchen, Caschal Crobhdearg's sowol als Cormac's wird von den Bauern noch in ehrfurchtsvoller Gesinnung bewahrt. Jene Zeit, sagen sie, war so fruchtbar und der Ueberfluß des Bodens so groß, daß wenn die Kühe sich niederlegten, das Gras über der Spitze ihrer Hörner zusammenschlug. Daher geschieht es, daß die Kühe, wenn immer sie sich niederlegen, dreimal seufzerartig brüllen in der Erinnerung an die guten, alten Zeiten, die einst gewesen und im Schmerz über die harten Tage, in denen sie selber leben. Aber nicht nur die Ernte ist heute dürftiger geworden, sondern es giebt obendrein auch viele böse Geister, die sie selbst in ihrer Dürftigkeit noch beschädigen. So ist es namentlich der Bauernglaube in einigen Theilen Irlands, daß der Hauch dieser bösen Geister, das „Gaeth ruadh na g-Cnoc" wörtlich: „der rothe Wind von den Hügeln" (und hier noch einmal werden wir an das verhängnißvolle Roth gemahnt!) ihrer Ernte Schaden und Vernichtung bringe; er vergiftet die Früchte, wie sie sagen und ist daran Schuld, wenn die Kartoffel mißräth und die schwarzen Flecken, die sich am Kraut derselben zeigen, sind die sichtbaren Spuren seines Anhauchs. Bezeichnend hierbei ist es, daß als Wohnsitz dieser bösen Geister die Luft angesehen wird. Dies ist vollständig treu dem Wesen und Glauben der altirischen Mythologie, nach welchem die Geister der Glücklichen ihre frühere Heimath zuweilen besuchen dürfen und zwar in der Gestalt, die sie im Leben hatten. In den finnianischen Gesängen erscheinen die Geister aus dem Paradies immer in ihrer eigenen Gestalt und sprechen und handeln, wie sie dies im Leben thaten; und Nichol O'Kearney hat darum sehr Recht, wenn er (in seiner Ausgabe des „Battle of Gabhra") sagt, daß von den luftigen Nebelgeistern und dem Ton ihrer Stimme, wie Rauschen ferner Ströme in Macpherson's Ossian keine Spur zu finden sei in den wirklichen und ächten Alterthümern der Iren und Schotten. Die Luft war vielmehr der Platz der Bestrafung für die Geister; und die Dämonen der Luft, Deamhaain aedhair, waren die schlechtesten und bösartigsten Geister."

Es giebt noch immer in Irland Leute, die eine Profession daraus machen, den gefährlichen Einflüssen dieser boshaften Geister entgegen zu arbeiten und von denen das Volk — trotz 'aller Ermahnungen und Predigten der Geistlichkeit — glaubt, daß ihre Mittel stark und heilsam seien gegen Alles, was sie „Geasa-Draoideght", d. h. Hexerei der Druiden oder Zauberei im Allgemeinen nennen. Diese Leute heißen „Baccachs" und sie nehmen für sich eine ganz eigenthümliche Genealogie in Anspruch. Schon in den frühesten Zeiten gab es in Irland eine Klasse von Personen, die sich nicht zum Christenthum bekannten und vorgaben, daß sie die geheiligten Kenntnisse der Druiden besäßen. Dies waren die Baccachs, welche ein sehr lucratives Gewerbe trieben, indem sie den Bauern einredeten, daß sie mit gewissen bösen Geistern in Verkehr ständen, und daß sie Kraft der geheiligten Wissenschaft, die sie besäßen, im Stande wären, die boshaften Ränke dieser verruchten Dämonen zu vereiteln. Baccach bezeichnet ursprünglich eine bucklige Person, und es leuchtet ein, warum dieser Name hernach auf das ganze Gewerbe übertragen wurde. Sind wir ja doch selber in unserer Zeit und in unserem Lande noch geneigt, die buckligen Leute für besonders schlau, intriguant und boshaft zu halten. Im 17. Jahrhundert entfaltete sich das Gewerbe zu einer unbegreiflichen Blüthe. Diese nichtswürdigen Vagabonden, unter denen sich namentlich ein gewisser O'Farrell auszeichnete, dessen Namen sich bis auf unsere Zeit erhalten hat, ritten auf schönen Pferden durch's Land und hatten ein zahlreiches Gefolge von gleichfalls berittenen Dienern, welche in ihren Säcken die Contribution einsammelten, die ihre Herren dem ohnehin schon genug durch Zins und Steuer geplagten Landvolk auferlegten. Schlimmer aber war es noch, daß sie das einfältige Volk auf schlechte Wege führten, ihnen Lehren beibrachten, die vollständig Allem widersprachen, was Religion und Sitte anordnet und sie zur Erfüllung ihrer gegen sie eingegangenen Verpflichtungen in der abscheulichsten Weise banden. O'Kearny, dem wir diese Bemerkungen verdanken, spricht (in seiner Ausgabe des „Battle of Gabhra, p. 106 Transactions of the Ossiano Society." Vol. I.) von einem „Exemplar einer Baccach's-Petition", wahrscheinlich einer Art von Beschwerdeschrift dieser Leute gegen ihnen obrigkeitlich auferlegte Beschränkungen, die in einer Dubliner Bibliothek aufbewahrt wird. Die letzten Epigonen dieser Baccach's sind es, welche — in angegebener Weise — noch heute den irischen Bauern ihre Hülfe gegen die bösen Geister, die ihnen den Segen der Ernte und des Viehs verkümmern wollen, leihen. Der berühmte Baccach des Nordens, Felim Mac Coy, pflegte, wenn er seinen Zauber wirksam machen wollte, unter andern mythischen Wesen Barrach Cro, den blutigen Häuptling der Schlachten, und Gaeth ruadh na g-Cnoc, den rothen Wind von den Hügeln, zuerst bittend, dann drohend aufzufordern, ihren Anspruch auf den von ihrem schrecklichen Einfluß besessenen Gegenstand aufzugeben. Der rothe Wind von den Hügeln ist das von den Bauern am meisten gefürchtete Zeichen der bösen Geister. Pächter und Kuhhirten sagen, daß er gewöhnlich von der Mitte des April bis ungefähr zur Mitte des Juli wehe und sie fürchteten stets seine vernichtenden Wirkungen. In einigen Gegenden von Irland wird jedoch der rothe Wind auf andere Weise erklärt. Dort sagt man, daß wenn Irländer in einem fernen Lande stürben und daselbst begraben würden, ihr Staub, voll Sehnsucht zusammen mit dem ihrer Verwandten in heimathlichem Boden zu ruhen, mit dem Winde des Himmels hinwegfliegt und nicht eher rastet, bis er seinen alten Beerdigungsgrund erreicht hat und daß er alles Grüne und Lebendige, das er während seiner Wanderung streift, vergifte. —

Im Innern des irischen Haushaltes ist es besonders die Butterhexe, deren verderblicher Einfluß auf den Kuhstall und die Milchkammer gefürchtet wird. Wir werden in dem Märchen „der Hexenmeister von Crunaan" sehen (unter Märchen Nr. 2), in welcher Weise die Butterhexe ihren Zauber auszuüben pflegt und wie die irischen Bauern demselben begegnen. Dies jedoch ist nur eine von den zahllosen Arten, in welchen die bösen Geister das Vieh bezaubern und verhexen, und es sind besonders zwei Nächte, welche diese Dämonenwelt entfesseln und ihre gefährlichen Kräfte freigeben: die erste Mainacht nämlich und die Allerheiligennacht, deren druidische Reminiscenzen mit Allem, was der Ire „draoidecht" nennt, in der engsten Beziehung stehen.

Die erste und ursprüngliche Eintheilung des irischen Jahres war in Sommer (Samradh) und Winter (Geimridh). Der Sommer währte von Mai (Baltaine) bis November (Samain); der Winter von November bis Mai. Der letzte October hieß deswegen Samhuin, Sommerende; der letzte April Nech-na-Baltaine, Vorabend des Mai. Auf beide Tage beziehen sich noch die aus der Zeit des altheidnischen Naturdienstes übrig gebliebenen Gebräuche von Maifeier und Allerheiligen, indem die Missionäre für ihre Thätigkeit es liebten, an altheidnische Feste anzuknüpfen, und durch Substituirung christlicher Ideen ihnen eine neue Bedeutung zu geben.

Baltaine war das große Druidenfest Alt-Irlands; zahlreiche Beschreibungen desselben finden sich noch in den finnianischen Gesängen. Eine große, glänzende Versammlung aller Fürsten, Edlen und Barden von Irland fand sich, um es zu feiern, im Palaste des Oberkönigs von Tara ein; alle Feuer im Lande wurden in dieser Nacht ausgelöscht und nur die einsame, heilige Flamme des Oberdruiden von Tara ward unter Gebet und religiösen Mysterien erhalten bis Sonnenaufgang, wo die dunklen Herdstellen von ihr sich neues Licht und neue Wärme holten. Diese Flamme ward in jener denkwürdigen Nacht, von der die Mönchschroniken und Heiligenlegenden berichten, durch Patrick, den Apostel von Irland, verlöscht, als er die neue Lehre den versammelten Fürsten des Landes predigen wollte. Dunkelheit herrschte nun in ganz Irland, aber als am andern Morgen die Leute von den Herdstellen kamen, da war es das neue Licht und die neue Wärme des Christenthums, die sie heimbrachten. Das Ende des Heidenthums, der Anfang des Christenthums in Irland sind in diesem Symbol aufbewahrt; die Flamme von Tara ist ausgethan für immer, aber die Maifeuer leuchten noch. Zwar bemühten sich die geistlichen Lehrer des Volkes, diesem Gebrauch den neuen christlichen Hintergrund zu geben, indem sie ihn auf den Johannisabend zu verlegen suchten; aber nicht in allen Theilen Irlands drangen sie damit durch. In vielen, man könnte sagen den meisten, wird das Maifest noch gefeiert, und der Mittelpunkt desselben, um den sich alle Gebräuche und Traditionen gruppiren, ist das Maifeuer. Spuren des alt-irischen Elementardienstes, welchem das Feuer und das Wasser geheiligt waren, haben sich reichlich in jenen Ueberlieferungen erhalten.*)

---

*) Ueber andre Reste dieses Cultus, namentlich so weit sie sich in der Verehrung heiliger Quellen und Brunnen im heutigen Irland erhalten haben, s. meine „Insel der Heiligen", II, p. 204—206.

Schon Wochen vor dem letzten April suchen tumultuirende Knabenschwärme sich „etwas für die Freudenfeuer" zusammen. Sie plündern Dorf und Stadt und erheben ihren „Zoll", wie sie es nennen, von jeder Karre und jedem Esel, der mit Torf beladen ist. Um diesen Torf von einem hohen Wagen, oder — wo es sein müßte — heimlich um die Ecke bringen zu können, tragen sie häufig Stöcke, welche vorn mit einem eisernen Haken versehen sind.

Wenn der Nachmittag des letzten April gekommen ist, so beginnt jede Schaar gegen fünf Uhr ihr besonderes Feuer zu „bauen", wobei ein Paar „großer Brüder" (Erwachsener) sie zu unterstützen pflegt. Auf dem Lande — wo, beiläufig, die Herbeischaffung des Brennmaterials bei Weitem nicht so viel Unruhe macht, da jeder Nachbar gern bereit ist, seinen Theil zu geben — werden Anhöhen; in den Städten offene Plätze vor denselben zu Feuerstellen erwählt. Während des Aufbaues werden glühende Kohlen in die Mitte des Haufens gelegt und Zuglöcher an den Seiten gelassen, und mehrere Stunden lang, während das schwarze Gebäude dampft und raucht, wird es von einigen Kindern und zweien oder dreien jener „großen Brüder" bewacht, damit es nicht von den Kindern eines andern Feuers angegriffen und geplündert werde. Der Torfhaufen ist oben mit Thierknochen, Kuhhörnern und zuweilen einem Pferdekopf aus der Schindergrube geschmückt; und dicht bei, wenn das Vermögen ausreichte, steht eine Reihe alter, brauner, schmieriger Theertonnen, und die „Fodyogues" — Bündel von trockenen Binsen, oft zehn, zwölf Fuß lang — liegen bereit. Gegen neun Uhr Abends schlägt die rothe Lohe heraus — dann fangen auch die Theertonnen an zu leuchten und die „Fodyogues" vermehren die Gluth und die feurigen Zungen lecken ellenhoch in die dunkle Nachtluft empor. Dann schimmert und scheint mit einem Mal die ganze Landschaft von Flammen — von jeder Bergspitze im weiten Umkreis steigen sie empor, und zahllos in der Ebene umher scheinen sie aus dem Boden zu schlagen; und rund um die knisternden Feuer versammeln sich Haufen von Männern und Frauen, Burschen und Mädchen, lachend, plaudernd, schreiend und tanzend. Die beliebtesten Maitänze sind der „Ringeltanz" und „Meiner Großmutter ihre Nadel einfädeln", bei welchem letzteren sich Mädchen und Burschen anfassen und in Schlangenwindungen den Weg auf- und niederchassiren, zuweilen eine Meile weit. Die Burschen tragen dann gern grüne Aeste oder Schlehen- und Weißdornzweige; die Mädchen sind mit Maiglocken und Schlüsselblumen bekränzt. In der Grafschaft Kilkenny ist es Sitte, daß dieser Tanz um den berühmten Feenhügel von Tibberoughey geschieht. Voran wird der Maibaum getragen mit einem gestickten Ball daran, den die vor der letzten Fastenzeit verheiratheten Frauen spenden; neben dem Maibaum geht ein Mann mit einem großen Schlüssel, um die alte Feenfestung zu öffnen. Nachdem er den Hut abgenommen, dreimal geschrieen und dreimal den Schlüssel vergeblich angesetzt hat, sagt er, „es sei der rechte Schlüssel nicht", oder „es sei nicht der rechte alte Mai", und vertröstet seine Gefolgschaft auf das nächste Jahr.

Unter den irischen Liedern, welche beim Tanzen um das Maifeuer gesungen werden, ist das mit der lieblichen, wohlbekannten Melodie, zu welcher Thomas Moore sein „rich and rare were the gems" gedichtet, das populärste. Diese Melodie, weniger dunkel, als die Mehrzahl der anderen irischen, ist von einem sanften und freundlichen Charakter. — Der Text beginnt mit folgenden Versen (die ich so schreiben werde, wie man sie ungefähr spricht):

> Saura! Saura! bonne na Gauna,
> Hugamur fain an Saura linn —
>
> — — — — — —
>
> Sommer! Sommer! Milch geben die Kühe,
> Wir haben den Sommer mit uns gebracht —
> Gelbe Blumen und weiße Blumen,
> Wir haben den Sommer mit uns gebracht.

Nach derselben Weise wird in anderen Gegenden Irlands, namentlich im Westen, in den Grafschaften Roscommon und Galway, ein Lied gesungen, welches also beginnt:

> Diesen Morgen, als die Sonn' aufstand,
> Da putzten den Baum wir mit Blum' und Band;
> Mit Fiedel und Pfeife wir kommen herbei,
> Euch Freude zu bringen am ersten Mai.

Nachdem nun das „Tractement" geschildert worden ist, welches sie erwarten, und mit dem freundschaftlichen Winke, daß

> — wenn es nur klein,
> So werden die Jungen zufrieden nicht sein.

schließt das Ganze mit folgenden Strophen:

> Dan wollen wir trinken und tanzen rund
> Um unsren Baum und Maibusch bunt;
> Bis die Wirthin sagt: nun ist es aus,
> 'S ist Zeit, daß Jeder nun gehe nach Haus!
>
> Dann wollen wir schwenken den Hut fürwahr,
> Und schreien: sie lebe noch fünfzig Jahr!
> Und wollen dann heimziehn in bunter Reih'
> Mit dem Tone, genannt: „Der erste Mai".

(S. Ireland, her wit, peculiarities etc. Dublin, M'Glashan, p. 66; ohne Jahreszahl.)

Eine andere, im ganzen Celtenlande, auch in Irland beliebte Maimelodie soll die sein, welche unter dem Namen Helston Forey (so genannt nach Helston, einem Städtchen in Cornwallis) bekannt ist. Sie bewegt sich in einem fröhlichen und angenehmen Maße, und findet sich mitgetheilt bei Gilbert (Ancient Christmas Carols, London 1823). Der in Cornwallis dazu gesungene englische Text*) findet sich vollständig unter dem Titel „Furry-day song" in Ellis's Ausgabe von Brandt's „Antiquities" I., p. 224 und enthält die Strophe:

> For we were up as soon as any day,
> For to fetch the summer home;
> The summer and the May, O,
> For the summer now is come.

In diesen Liedern ist der Gedanke eines Frühlings= oder richtiger eines Sommerfestes ausgedrückt, der sich auch sonst noch in den Observanzen desselben weiter verfolgen läßt. Wie

---

*) Die Bewohner von Cornwallis, die sogenannten damnonischen Briten, obwol Kelten, sprechen heutzutage doch ausschließlich englisch. Bis zur Regierung Heinrich's VIII. erhielten sie sich unvermischt und redeten bis dahin nur ihre alte Keltensprache, welche der bretonischen und walisischen am nächsten, der irisch-schottischen entfernter verwandt war. Von da ab jedoch gerieth sie so rasch in Vergessenheit, daß sie zur Zeit der Königin Anna nur noch in wenigen Dörfern in der Nähe von Land's End verstanden ward. Die Kinder lernten, indem sie heranwuchsen, englisch; und je mehr die alten cornischen Leute starben, ging auch die Sprache allmälig mit ihnen dahin, so daß um die Mitte der Regierung von Georg III. eine gewisse Dolly Pentrath, ein altes Fischweib, ungefähr drei Meilen weit von Mousehole, bei Penzance wohnhaft, das einzige Wesen in der Welt war, welches sich noch in der Sprache der alten damnonischen Kelten unterhalten konnte. Sie soll jedoch von dieser Mundart nicht den besten Gebrauch gemacht haben, indem sie dieselbe hauptsächlich dazu anwandte, um zu schwören und zu fluchen, wenn sie für ihre Fische nicht genug Geld bekommen konnte, oder zu schimpfen, wenn man sie beleidigt hatte. Als Dolly Pentrath 1788 in dem Alter von 102 Jahren das Zeitliche segnete, da konnte man sagen, mit ihr sei die Keltensprache von Cornwallis gestorben und werde mit ihr zu Grabe getragen. —

wir die Burschen und Mädchen beim Maitanz mit Grün und
Blumen bekränzt sahen, so dürfen Zweige und Maiglöckchen, welche
darum auf Irisch Lus-ubrich Baltaine (Baltaine-Sträuße) heißen,
auch an Thüren und Fenstern nicht fehlen. Besonders ist es die
Bergesche (Krankiran), welche an diesem Tage für unentbehrlich
erachtet wird. Zweige derselben werden in die vier Ecken des
Kornfeldes gepflanzt; der Eschenzweig ist das beste Mittel gegen
Zauberei. Man bindet dergleichen um das Butterfaß, ehe man
anfängt zu buttern; jeder Milchtopf, jede Buttersatte sowie Alles,
was zur Milchkammer gehört, wird mit Eschengrün umwunden.
— Blumen werden vor die Thür gestreut, es müssen aber wilde
Blumen sein, weiße und gelbe (Farbe der Milch und der Butter),
wie sie in der Wiese und am Bache wachsen, hauptsächlich Ma-
rienblumen (Nonihns) und Schlüsselblumen. Der große Maibusch, von einem alten „Rath" (Festungshügel aus der Heidenzeit)
gehauen, wird aufgepflanzt, wo die jungen Leute am Abend tanzen, und mit Lichtern bestect, wie der deutsche Weihnachtsbaum;
und wenn der Tanz vorbei ist, so wird er in das verglimmende
Maifeuer geworfen, das mit seinem letzten Auflodern den grünen
Maibusch mit seinen Lichtern und die ganze Mailust verzehrt.
Dieser Pflanzencult spielt auch in der süßen Sage vom Maien-
ritter seine Rolle; wenn er früh am ersten Maimorgen, bei lieb-
licher Musik, über die Seen von Killarney dahin reitet, so schwe-
ben Feen vor ihm her, welche die blaue Fläche des träumenden
Gewässers mit Blumen bestreuen.

Daß in dieser Aufregung der Natur, welche den Uebergang
vom Winter zum Sommer begleitet, auch — nach der Vorstellung
dieses phantasiereichen Volkes — die Geisterwelt sich regt, kann
uns nicht verwundern. Merkwürdig aber ist es, daß alle Spuren

dieses Maiaberglaubens durchaus in das celtische Heidenthum zurückführen, und daß selbst da, wo statt der Maifeuer die Johannisfeuer leuchten, doch — weit entfernt von der Einwirkung irgend einer christlichen Vorstellung — die altheidnischen Ideen
allein es sind, welche daran haften. So werden auch hier Kuh-
schwänze und Kuhhörner, ja ganze Pferdeleichen darin verbrannt;
und anknüpfend an den eigenthümlichen Viehzauber, von welchem
wir sogleich reden werden, treibt auch durch die Asche des Feuers,
welches zu Ehren des Täufers gelodert hat, der vor den Feen
ängstliche Bauer seine Heerde. Denn sie, und in ihrem Gefolge die
Zaubrer und Hexen sind es, die in dieser Nacht ihr Wesen treiben. Und zwar zeigen sie sich alsdann meist nur von ihrer bösen
Seite. Sie halten wol ihre Spiele und tummeln sich lustiglich
im Ringelreihn, so daß man sie in dieser Nacht am Ersten sehen
kann, wobei demjenigen, welchem es gelingt, ihren Pfeifer zu be-
lauschen, große Anmuth und Leichtigkeit zu Theil wird, wie es
denn auch in Connaught von Jemandem, den man gut tanzen
sieht, sprichwörtlich heißt: „er hat gewiß den Pfeifer in der Mainacht gehört!" Ja, auch Glas-Gaivlen, die heilige, milch-
weiße Feenkuh mit den grünen Flecken läßt sich zuweilen in dieser
Nacht sehen und glücklich und gesegnet ist der Farmer, der ihr
alsdann begegnet. Aber Alles in Allem doch sind die Feen mehr
geneigt, dem Menschen und seinem Haushalt Böses zuzufügen;
weswegen in dieser Maiennacht Niemand unter freiem Himmel
schlafen würde und jedes Mittel angewandt wird, um Hof und
Herd vor ihrem verderblichen Einfluß zu schützen. Die mächtigsten Mittel für diesen Zweck sind Feuer und Wasser, deren gehei-
ligte Kräfte in dieser Nacht hauptsächlich angewandt werden, um
das Vieh — welches den armen Bauern von Irland das Werth-

vollste seiner kleinen Wirthschaft ist — gegen die Angriffe der Feen zu sichern.

Den Ausgangspunkt bildet auch hier das große öffentliche Maifeuer. Nachdem das Vieh durch die Asche desselben — welche auch sonst heilkräftig und mit Wasser vermischt gegen Wunden und äußerliche Schmerzen unfehlbar sein soll — getrieben worden ist, sperrt man es in die Ställe ein, und bewacht es während der Nacht auf's Sorgfältigste. Um den Nacken jeder Kuh wird ein Strohkranz (Sugaun) befestigt; in anderen Gegenden wird jedes Stück Vieh mit angezündetem Stroh leicht gesengt, oder man fährt mit einer glühenden Kohle rund um den Körper desselben. Anderwärts läßt man es zur Ader und trocknet und verbrennt das Blut; Alles aus Furcht vor dem bösen Zauber der Feen und Hexen. Letztere verwandeln sich namentlich gern in Hasen oder Igel (Graunog), welche — wenn man nicht aufpaßt — die Kühe „melken", und darum von der ausgelassenen Jugend an diesem Tage mit unerbittlicher Grausamkeit verfolgt werden. Am meisten sind aber milchende Kühe den Gefahren der Mainacht ausgesetzt. Denn Jemand, der es bös mit den Besitzern meint, braucht nur in des Teufels Namen die Euter ihrer Kuh dreimal anzuziehen, so verliert sie für das ganze folgende Jahr ihre Milch. — Weiterhin ist es Gebrauch, früh Morgens am ersten Maitag zu buttern; je früher, desto besser. Dabei wird die Thüre der Hütte fest zugeschlossen, damit die Butterhexe nicht herein kann, und Etwas von der Milch wird als Opfer für „das gute Volk" (die Feen) auf die Erde gegossen. Sollte aber nun doch, während des Butterns, Jemand unvermuthet hereinkommen, sei es ein Fremder oder ein Mitglied der Familie, so muß derselbe den Butterstock nehmen und wär's auch nur für einen Augenblick. Dieses zu verweigern würde bei einer Person aus den höheren Ständen für unhöflich und unglückverkündend gelten; bei einer armen und niedrigen Person aber wäre es das Geständniß, daß sie eine Hexe oder ein Zauberer sei. Um viele Butter zu gewinnen, werden glühende Kohlen und Salz unter das Butterfaß gelegt, oder ein altes Eselshufeisen an den Butterstock genagelt.

Nächst dem Viehstall ist es der Herd in dieser Nacht, dem sich die Sorge des irischen Bauers zukehrt. Aus dem öffentlichen Feuer, wenn es zusammengesunken ist, nimmt sich Jeder ein Stück glühenden Torfes mit nach Haus, sucht es bis zum andern Morgen in seinen letzten Funken zu erhalten, um alsdann sein Herd= feuer damit anzuzünden. Dieser Zug giebt sich als ein direkter Ueberrest des druidischen Gebrauchs von Tara zu erkennen. Ein großes Feuer darf aber dann nicht gemacht werden, damit die Feen —diese Götter, auch nach irischem Begriff, im Exil — welche sich vor dem Rauch fürchten, nicht verscheucht und dadurch böse ge= macht werden. Zwischen Abend und Morgen, wenn der Herd kalt ist, hat er prophetische Kräfte. Er wird über Nacht rein gefegt und mit warmer Torfasche dünn bestreut. Ist dann am andern Morgen ein Fußtapfen darauf zu sehen, der sich der Thüre zukehrt, so wird Jemand aus dem Hause sterben, ehe zwölf Monde vergangen. In einigen Gegenden ist es Sitte, daß die Männer von Hütte zu Hütte gehen, um am Herde ihre Pfeifen anzuzünden. Sie löschen dieselben aber sogleich wieder aus, wenn sie draußen sind. Denn um keinen Preis, weder für Geld noch für gute Worte, würde Jemand — aus Furcht vor Entweihung — während des ganzen Maitages Feuer oder Wasser aus seinem Hause geben. Und in gleiche Weise, wie das Wasser im Hause, wird auch das Wasser außer dem Hause, Quell und Brunnen, bewacht. Denn sonst

könnte leicht eine alte Hexe kommen und dem Wasser die „Blume"
nehmen, d. h. ein hölzernes Geschirr hineinwerfen und die Worte:
„Komm, Butter, komm!" dabei sprechen, wodurch das Vieh, welches aus diesem Brunnen trinkt, für die folgenden zwölf Monate
unfehlbar die Butter verliert. Dagegen wird das Vieh am Morgen nach Baltaine-Nacht in aller Früh zu dem bewachten und
dadurch bei seiner heiligen Kraft erhaltenen Brunnen geführt,
und es pflegt dann immer ein großer Streit zwischen den
Nachbaren darüber zu entstehen, wessen Vieh zuerst daraus trinken soll.

Während so die älteren und bedächtigeren Leute ihren Haushalt besorgen, ist es nicht mehr als billig, daß auch des andern
gedacht werde, welchen die jüngeren so ungeordnet als anmuthig
in ihren Herzen tragen. Denn die Menschennatur nimmt einmal
am belebenden Frühling ihren Theil, und darin bleibt Jugend,
selbst im armen, unglücklichen Irland, Jugend, daß sie an eine
Welt holder Täuschungen glaubt, die gemeiniglich dann erst in
Trümmer fällt, wenn die erste Sehnsucht nach ihr gestillt ist.
Mannigfach sind daher die Mittel, deren in dieser Nacht der Feen
und Geister sich Liebende bedienen, um über ihr Schicksal prophetische Auskunft von denselben zu erlangen.

Wenn ein Mädchen erfahren will, wer ihr Zukünftiger sei,
so geht es spät am Maiabend zu einem Weidenbaum und
bricht sich neun kleine Reiser davon ab. Das neunte Reis wirft
sie über die rechte Schulter hinter sich, die acht andern steckt sie
in den rechten Strumpf. Dann spricht sie auf ihren Knien folgende Worte: „Ob du gleich einen Bürgen wolltest für mich
setzen, wer will für mich geloben?" (Buch Hiob 17, 3.) Geht
sie hierauf zu Bett und legt den Strumpf mit den Weidenreisern

unter den Kopf, so wird ihr der Zukünftige im Traum ganz gewiß erscheinen.

Eine andere Mode ist, am Maiabend nach Sonnenuntergang zu einem Hügel zu gehen, wo die Schafgarbe reichlich wächst. Indem das Mädchen neun Blätter von der Pflanze abbricht, singt sie:

> Guten Morgen, guten Morgen du schöne Schafgarbe,
> Und dreimal guten Morgen, du schöne Pflanze mein.
> Komm sag' mir und zeig' in Gestalt mir und Farbe
> Vor Tage noch, wer mein Treuliebster soll sein!

Die Schafgarbe wird mit nach Haus genommen, in den rechten Strumpf gesteckt, unter das Kissen gelegt und der Traum erwartet. Aber wenn das Mädchen auch nur ein Wort spricht, nachdem die Schafgarbe gepflückt ward, so ist der Zauber gebrochen. — Uebrigens liegt in diesem prophetischen Traum eine ächt celtische Reminiscenz; so lesen wir in den alten Dichtungen nicht blos der Iren, sondern auch der Schotten von Helden, die — wenn Schlacht oder sonstige Gefahr droht — sich niederlegen, „um zu träumen." Besonders dem Haupthelden der irischen Heldendichtung, Finn Mac Cul, wird die Gabe des prophetischen Traums zugeschrieben.

Eine dritte Art des Liebesorakels am Maiabend besteht darin, daß das Mädchen einen Holzbecher in einen benachbarten Brunnen wirft, indem sie den Namen ihres Geliebten spricht. Dann verläßt sie den Brunnen und kommt früh am andern Morgen zurück. Wenn das Gefäß dann oben schwimmt, so ist es ein gutes Zeichen: der Wunsch ihres Herzens wird ihr in kurzer Zeit erfüllt werden. Ist dasselbe jedoch untergegangen, so darf sie auch wol über den Untergang ihrer liebsten Wünsche klagen.

Wenn Schönheit allein es ist, welche dem jungen Mädchen zum Siege verhelfen kann, so ist auch dafür in der Mainacht gesorgt. Denn der Maithau ist ein mächtiges Schönheitsmittel und starker Liebeszauber. Das junge Mädchen, welches sich am ersten Maimorgen damit wäscht, ist nicht blos sicher vor Sommersprossen und Ausschlag, sondern wird auch Demjenigen, den es liebt, unwiderstehlich.

Sahen wir in Baltaine nun vorzugsweise das heitere Frühlingsfest, so erscheint Samphuin (auch Oidche Shamna, Sommerende-Nacht genannt, während der erste November selbst „Samhain" heißt) ursprünglich als das Herbst- und Erntefest von Irland. Es ist noch heute allgemein Brauch und Sitte daselbst, an diesem Tage die Ernte zu beschließen, und nach demselben weder Kartoffeln zu graben, noch Heu einzufahren, noch sonst eine Feldarbeit mehr zu verrichten. Da nun aber die Irländer auch darin genial sind, daß sie in dieser Woche nicht thun, was sie in der nächsten allenfalls noch thun können: so verschieben sie alles Mögliche auf diesen letzten Erntetag, und daher entsteht der Lärm und die ungemeine Regsamkeit, welche man am letzten Tage des Oktobers durch ganz Irland wahrnehmen kann. Dieser Charakter des Erntefestes hat sich in einigen Zügen der irischen Allerheiligenfeier erhalten. Treu dem Spruche, mit welchem ein altes Gedicht (mitgetheilt von Eugene Curry in The Atlantic, a register of literature etc. II., 371. 1858) die Observanzen der Herbstfeier beschreibt:

Fleischspeise, Bierkrüge, schöne Nüsse,
Dieses sind die Vorrechte des Samhuin —

ist Oidche Shamna noch immer ein Fest gastlicher Zusammenkünfte und von Alters her vorgeschriebener Speisen und Getränke.

Da ist namentlich ein Kuchen Barnbreak (corrumpirt aus Bairin-break, bestreutes Brod) genannt, welcher an diesem Tage in keinem Hause, in keiner Hütte von Irland fehlt. Die Bauerfrauen auf dem Lande bereiten ihn, die Bäcker in der Stadt senden ihn ihren Kunden zu. Es ist ein Gebäck aus Mehl, welches mit Saffran gefärbt, mit Mohn und Kümmel bestreut wird; und die Alterthumsforscher von Irland sagen, daß dasselbe seinen Ursprung in den Opfern habe, welche in der Druidenzeit an diesem Tage der Sonne dargebracht worden, und deren Substanzen genau diejenigen der heut noch gebräuchlichen Barnbreaks gewesen seien. — Ein anderes Lieblingsgericht an Oidche Shamna ist das Calecannon, welches, aus Kartoffeln, Kohl, gelben Wurzeln und Rüben zusammengemischt, in seinen kargen Bestandtheilen allerdings das treueste Bild dessen ist, was die Ernte dem armen Bauern von Irland in's Haus bringt.

Mit dieser ursprünglichen Vorstellung des Erntefestes haben sich nun aber diejenigen des Allerheiligentages vereinigt, und dicht neben Spiel und Kurzweil aller Art finden sich Gespensterfurcht und abergläubische Ceremonien. Der irische Bauer erwartet den letzten Tag des Oktober daher mit einem aus Freude und Grauen gemischten Gefühle und die Abenddämmerung desselben versetzt ihn und seinen Haushalt noch immer in Aufregung. Die Jugend, mit Stöcken und Knitteln bewaffnet, zieht dann von Haus zu Haus, fordert zur würdigen Feier des Festes im Namen des heiligen Columbkill auf, und sagt Verse zu Ehren desselben her, in welchen es heißt, man solle das fette Kalb abschlachten und das schwarze Schaf bei Seite bringen. „Fette Kälber und schwarze Schafe" giebt es aber für den irischen Bauer leider nur im Liede, in der Wirklichkeit muß er sich, was diesen Theil der Feierlichkeit anbelangt, mit den oben beschriebenen Kuchen begnügen. Die Hausfrauen haben alle Hände voll zu thun, um diese zu backen und Kerzen zu bereiten, welche sich die Nachbarn gegenseitig zuschicken. So viel mir scheint, sind diese Kerzen — schon in diesem Punkt anknüpfend an die katholische Bedeutung dieses Tages und seine Feier — eine Art von Todtenopfer; sie werden gewissermaaßen im Namen abgeschiedener Familienglieder übersandt, und es ist Sitte, daß die Empfänger sie am andern Tage anzünden und dabei für die Seelen der eingebildeten Geber ein Gebet sprechen. — Außer den Kuchen werden Aepfel und Nüsse in großer Menge verzehrt. Die Nußschaalen werden verbrannt und aus ihrer Asche viel seltsame Dinge vorhergesagt. Die jungen Leute tauchen nach Aepfeln in einem Eimer mit Wasser und geben sich Mühe, mit dem Munde einen vom Grund heraufzubringen. Sie hängen, wagrecht unter die Decke des Zimmers, einen Stock mit Aepfeln an dem einen Ende und brennenden Lichtern am andern, und nachdem dieses Gestell in Bewegung gesetzt ist und sich dreht, versuchen sie den Apfel mit dem Munde zu fangen. Oder es wird ein Nagel in die Wand geschlagen und am Kopf desselben ein Apfel befestigt. Wer nun fünfzigmal um einen Stock rund gehen kann, so daß er die Spitze desselben immer auf einem Punkt am Boden stehen läßt, und dann noch Kraft und Besinnung genug besitzt, um den Apfel vom Nagel mit einem Griff fortzunehmen, der hat ihn gewonnen. Die Meisten aber sind schon nach dem zehnten Male so schwindelig, daß man sie auffangen muß.

Mit diesen Spielen wechseln mannigfache Schicksalsproben, und man wird bald sehen, wenn man sie mit denen des Maifestes vergleicht, daß sie mehr den düstern Herbstcharakter an sich haben, und, an die Bedeutung des Erntefestes anknüpfend, in ihren

Zwecken zugleich mehr auf das Praktische gehen, wenn der Ausdruck erlaubt ist, als die harmlosen Blumenorakel der Frühlingsfeier. Man sieht weniger auf Schönheit, als auf die sonstigen Eigenschaften des Freiers; weniger nach Liebe, als nach baldiger Verheirathung. Das Dunkel der Herbstnacht ist ganz voll ahnungsreicher Zukunftgestalten, und die Jugend, die noch Etwas von ihnen hofft, wendet viel alterthümliche Mittel an, um sie zur Erscheinung zu zwingen. Die Stunde, in welcher der Zauber wirkt, ist Mitternacht; und die schauerliche Einsamkeit derselben ist dann in ganz Irland die Scene seltsamer Beschwörungen. Da gehen Burschen und Mädchen mit verbundenen Augen in den Garten, wo der letzte Kohl steht, und reißen denjenigen Kopf, den sie zuerst berühren, aus der Erde. Das Aussehen dieses Kohlkopfes ist prophetisch und er zeigt mit seinem Beispiel an, ob der oder die Zukünftige reinlich oder schmutzig, gesund oder krank, von vielem oder geringem Werthe sein werde. Oder es werden zwei trockene Bohnen genommen und an das Feuer gelegt. Die größere stellt den Burschen, die kleinere das Mädchen vor. Diejenige, welche nicht ganz ausbrennt, nachdem man sie auf den Herbstein gelegt hat, deutet auf die Untreue der von ihr repräsentirten Person. Brennen sie aber Beide ganz aus, so bleiben sie sich Beide treu. Dann werden die Bohnen in einen Eimer voll Wasser geworfen; gehen sie zusammen unter, so werden sich die Liebenden heirathen, im andern Falle aber werden sie sich nie bekommen. Statt die ausgebrannten Bohnen in's Wasser zu werfen, kann man sie auch in den Strumpf stecken und diesen unter das Kopfkissen legen, wenn man zu Bett geht. Träumt man von Demjenigen, den man liebt, in der Nacht von Allerheiligen, so wird man ihn bekommen, sonst aber nicht. — Ferner säen in dieser

Nacht die Mädchen Hanf und glauben, daß, wenn sie hierauf rückwärts schauen, ihr dereinstiger Mann erscheinen werde. Sie werfen ein Knäul Garn aus dem Fenster in die Finsterniß des offenen Feldes hinaus, behalten das Ende des Fadens in der Hand und fragen: „Wer hat mein Garnknäul gefangen?" Dann wird der Mann, der ihr bestimmt ist, seinen Namen nennen. — Eine Probe, ob man bald heirathen werde, wird auch dadurch gemacht, daß man einen Ring in den Allerheiligenkuchen bäckt. Wenn man nun auf den Abend zusammen ist, Burschen und Mädchen rund um den Tisch sitzen und der Kuchen zerschnitten und vertheilt ist, so wird der- oder diejenige zuerst heirathen, in dessen Stück der Ring steckt. — Aber auch über andere Dinge, als Liebe und Hochzeit, giebt das Orakel der Allerheiligennacht Auskunft. Will man nämlich wissen, ob man reich werden, lang leben oder bald sterben soll, so macht man es folgendermaaßen: Man nimmt drei Zinnschaalen, füllt die eine mit Mehl, die andere mit Asche und die dritte mit Erde. Alsdann geht die Person, welche die Zukunft befragen will, hinaus, man verbindet ihr die Augen und hierauf muß sie auf Händen und Füßen in das Zimmer kriechen, wo die drei Schaalen von den Anwesenden in eine dem Suchenden unbekannte Ordnung gestellt worden sind. Wenn dieser nun seine Hand zuerst in die Schaale mit Mehl steckt, so wird er ein reicher Mann; wenn in die mit Asche, so lebt er lang. Steckt er sie aber in die Schaale mit Erde, so muß er bald sterben. „Und das ist ganz untrüglich", fügte Brighit hinzu, das Bauermädchen aus der Gegend der Killarney-Seen, dem ich das Meiste von dem verdanke, was ich bis hieher mitgetheilt habe. — „ich habe selbst einen Mann gekannt, der das so am Allerheiligenabend gemacht hat. Er war sein Lebtag ein Unglücksvogel gewesen und griff auch an diesem Abend zuerst in die Schaale mit Erde. Er wurde so bleich als wie der Kalk an der Wand, als man ihm das Tuch von den Augen nahm, und er nun sah, was er gethan; und drei Monate darauf war er ein todter Mann."

Einige gießen in dieser Nacht auch Blei, um die Zukunft daraus zu prophezeien. Aber das soll man nicht thun, meinte Brighit, „es ist Teufelswerk." Darin bildet Allerheiligen den schärfsten Contrast zum Maifest, daß — während beide, wie sie in Irland gefeiert werden, aus dem Natur- und Elementardienst des celtischen Heidenthums hervorgegangen sind — der mythologische Hintergrund, der sich bei letzterem erhalten hat, bei ersterem vollständig durch die Dämonologie des Christenthums verdrängt und ersetzt worden zu sein scheint. Zwar deuten auch einige Winke auf die Gegenwart der Feen: sie sollen um Mitternacht erscheinen und wenn man ihrem Zuge begegnet, dadurch gezwungen werden, jedes menschliche Wesen, das sie etwa mit sich führen, freizugeben, daß man ihnen Staub, unter den Füßen fort, entgegen wirft. Aber die Hauptfigur in der dunklen, unheimlichen Allerheiligennacht ist der Teufel, und zahlreich waren die Geschichten Brighit's von seinem unheilvollen Erscheinen in derselben. Weshalb denn auch die Anwendung der oben mitgetheilten Zukunfts- und Schicksalsproben leicht zum Unglück ausschlägt, da man dem Teufel dadurch eine Handhabe zur Einmischung giebt.

So z. B. greift er oft das Garnknäul auf, und wenn die Person, die es ausgeworfen, seinen Ruf hört, anstatt den des Geliebten, so muß sie in derselben Nacht noch sterben. Auch beim Hanfsäen ist er den Mädchen schon oft genug erschienen und einer von Brighit's Freundinnen war Folgendes passirt: Diese Freundin, damals ein Mädchen von 21 Jahren, kippte auf Allerheiligenabend ein paar Stühle um und legte sie mit der Lehne über's Feuer. Dann zog sie sich das Hemd aus und breitete es über die Lehne, so daß es schon anfing zu sengen, und rief mit lauter Stimme: „Im Namen Gottes, des Vaters und des Sohnes — wenn derjenige, welchen ich liebe, mir treu geblieben ist, so soll er jetzt kommen und das Hemd umwenden, damit es nicht verbrenne!" Und in demselben Augenblick kam eine Gestalt, wie die ihres Geliebten — der „wol tausend Meilen weit weg, in London" war — und drehte das Hemd um und verschwand. „Es muß der Teufel gewesen sein", sagte Brighit, „der Fetsch*) ihres Geliebten war es nicht. Denn wenn man den Fetsch eines Menschen nach Mittag sieht, so muß dieser bald darauf sterben; aber ihr Geliebter kam nach einiger Zeit zurück, heirathete sie, und sie leben beide noch heute, haben viele Kinder und sind sehr glücklich." —

So harmlos jedoch benimmt sich der Teufel nicht immer; besonders nicht, wenn es den Anschein hat, als wolle man ihn und seine Macht nur zum Besten haben. Brighit kannte eine Frau, die in dieser Nacht in die Scheune ging, um Korn zu schwingen. Dabei kann man nämlich auch oft denjenigen erblicken, welchen man heirathen wird. Nun aber war sie ja schon verheirathet, und daß sie Scherzes halber die Zukunft um Dinge befragen wollte, die schon lange von der Vorsehung selber beantwortet waren, das sollte ihr sehr schlecht bekommen. Und kaum hatte sie begonnen, so erschien ihr eigener Mann und nahm ihr

---

*) Fetsch ist die Erscheinung eines lebenden Menschen, die — nach dem irischen Aberglauben — oft den entfernten Freunden desselben erscheint, seinem Urbild Tod oder Leben verkündend, je nachdem es sich Vor- oder Nachmittag sehen läßt. (S. weiter unten.)

die Schwinge aus der Hand. Darauf verschwand er in der Dunkelheit und die Frau lief ärgerlich in die Stube und zankte mit ihrem Manne, daß er sie mit ihrem Spaße störe. Aber der Mann sagte, er habe sich nicht von der Stelle gerührt und Alle, die in der Stube waren, sagten dasselbe. Darauf ging die Frau wieder in die Scheune und begann ihr Werk auf's Neue. Aber sogleich kam auch ihr Mann wieder, nahm ihr die Schwinge aus der Hand und schlug sie dreimal damit auf den Kopf. Da lief sie in die Stube und sagte, nun müßte es der Mann gewesen sein, sie habe ihn ganz genau gesehen. Alle bestritten es auf's Neue und lachten sie aus. Da aber neigte sie ihr Haupt und sagte: „So ist es der Teufel gewesen und Gott verzeihe mir meine Sünde. Gottes Wille geschehe — heut in zwölf Monaten bin ich ein todtes Weib und mein eigenes Dienstmädchen da wird die Herrin dieses Hauses und die Mutter meiner Kinder sein!" Dann sagte sie zu dem Dienstmädchen, sie möge freundlich gegen die Kinder sein und Gott werde es ihr lohnen. Ihr Mann wollte lachen, aber er konnte nicht, und sechs Monate später starb sein Weib und bald heirathete er sein eigenes Dienstmädchen, wie die Frau es in der Nacht von Allerheiligen prophezeit hatte.

Wir aber kehren nach dieser Abschweifung, zu welcher uns der Gegenstand selber aufforderte, zur irischen Mythologie zurück und zwar zur Betrachtung eines derselben eigenthümlichen Wesens, das seiner Gestalt und seinen Neigungen nach hier — in Irland, seiner wahren Heimath — kaum noch zwischen Feen und Menschen, sondern eher noch zwischen Feen und Thieren zu stehen scheint, während es in Wales zu einem neckischen Poltergeist, in England aber, wo es Shakspere aus Wales eingeführt zu haben scheint, gar

zu einem lieblichen Boten und Vermittler des Elfenkönigs und
der Elfenkönigin im Sommernachtstraum geworden ist. Dies
Wesen — die Leser werden schon errathen haben, welches ich
meine — heißt in Wales Pucca, in Irland Phuca. Von allen
bösen Geistern Irlands ist der Phuca der böseste. Die Leute von
Jar-Connaught im Westen sagen, daß er schon gleich zu Anfang
der Welt erschaffen worden sei und die Sündfluth überlebt habe. In
Munsten spricht man von den Phuca's, in Leinster und den
übrigen Theilen Irlands nur von einem Phuca. In der Form
ist er sehr wandelbar; gewöhnlich ist er ein Pferd, oft ein Adler.
Zuweilen nimmt er die Gestalt eines schnaubenden Ochsen an,
oder hüpft als trügerischer Irrwisch über die sumpfigen Wiesen;
und zuweilen mischt er in seiner Gestalt mehrere Thierformen
zusammen, ist vorn Kalb und hinten Ziege.*) Sein Zauber ist
von der wildesten, phantastischsten Art. „Er läßt den Menschen,
dessen er sich bemächtigt hat, in der kürzesten Zeit unendlich viel
erleben. Er jagt mit ihm über Abgründe, führt ihn hinauf in
den Mond und hinab in die Tiefe des Meeres. Wenn Etwas
einstürzt, so wird es vom Volke ihm zur Last gelegt." (Croker)
Wenn um Michaelis die ersten Saaten wieder erscheinen und die
Brombeeren anfangen abzufallen, so sagt man den Kindern, sie
sollen diese nicht länger essen, weil der Phuca bei seinem Ritt
über Land sie besudelt habe. Wo man bei uns sagen würde:
„scheer dich zum Teufel!" sagt man in Irland: „scheer dich zum
Phuca!" — Der Hauptschauplatz seines nächtlichen Spukes sind
wiederum die Berge von Wicklow, als ob die Feen, nachdem sie

---

*) Es ist möglich, daß er dem letzteren Thier seinen Namen verdankt; phuc
heißt irisch die Ziege.

ihres einst dort gelegenen Paradieses beraubt waren, als Rächer die bösen Kobolde zurückgelassen hätten. Vielen Plätzen daselbst hat er seinen Namen gegeben: Drohid-a-Phuka, Carrig-a-Phuka (Phuca's Felsen), Phul-a-Phuka (Phuca's Wasserfall). Jedoch beschränkt er sich keineswegs auf diese Berge allein; bis in den fernsten Westen wandert er auf seinen nächtlichen Fahrten. In Jar-Connaught glaubt man, daß er besonders in der Nacht von Allerheiligen spuke und viele Personen giebt es daselbst, welche vermeiden in dieser Nacht auszugehen, weil sie fürchten, diesem grauenhaften Phantom zu begegnen. In der Nähe von Dublin ist ein altes Schloß „Phuca's Schloß", in der Grafschaft Kildare, ein District „Phuca's Zaun" genannt, bei Macrum, in der Grafschaft Cork tragen die Ruinen eines Bergschlosses seinen Namen und das Eiland Malaau, in der zum Meerbusen erweiterten Mündung des Kenmare-Flusses, südlich von Killarney, ist sogar wegen des Spukes, den er daselbst treibt, gänzlich verrufen. Es ist eine Zauberinsel, unbewohnt. Niemand wagt auf derselben sich anzusiedeln. Kein Schiffer naht in der Dämmerung gern ihren zerrissenen Felsküsten. Schrilles Getöse umschwirrt ihn dann, Wehrufe und Halloh's und wilde, klagende Töne. Und in den Geistergruppen, die den Geängsteten umschweben, sieht er auch die Todten, die lange gestorben sind in fernen Gegenden, auf dem Schlachtfelde oder im Schiffbruch. — Auf diese märchenhafte Vision bezieht sich eines der schönen Lieder in Thomas Moore's „Irischen Melodien", dessen Mittheilung an dieser Stelle die vorhergehende Schilderung poetisch illustriren wird.

Todten Ihr! Todten Ihr! die wir kennen am grünen Schein
Aus dem kaltglüh'nden Aug', scheint lebendig Ihr auch zu sein —
Was steigt Ihr aus Eurem Grab
Aus Meer und Schlachtfeld weit ab,

Wo der Wurm und die Möve nur Euer Lager kennt —
Was schwebt Ihr hierher, wo All'
Die einst beweint Euren Fall,
Todt liegen, wie Ihr, und von Euch auf Ewig getrennt?

Es ist wahr, es ist wahr, wir sind Schatten bleich und kalt —
Was wir einst, schön und gut, liebten ist hinabgewallt.
Doch noch im Tod ist auch
So süß der Lebenshauch
Der Auen, die einst sich sonnig vor uns gedehnt —
Daß eh' wir scheiden, und eh'
Verschwinden im Heclaschnee *)
Wir uns nach der Täuschung des Lebens noch einmal gesehnt!

Hier nun sind wir im Verfolg unseres Gegenstandes auf der Grenze angelangt zwischen dem Diesseits, das trotz der Feen und Geister, die es umschwärmen, doch immer noch uns gehört, und dem Jenseits, mit dem uns Nichts verbindet, als Ahnungen und Hoffnung. Die Phantasie aller Völker hat diese Grenze mit Wesen bevölkert, die unruhig hin- und herschweben, abgelöst von dieser Welt und nicht aufgenommen von jener, arme, heimathlose Schatten, die Denen, welche ihnen begegnen, traurige Botschaft bringen und nahen Tod verkünden. Das „zweite Gesicht" der Bergschotten läßt seine wunderbare Erscheinung durch die Dämmerung huschen, welche diese Grenze umgiebt, und das „walisische Todtenlicht" warnt oft in mitternächtiger Stunde den einsamen Wanderer, diese Grenze nicht zu betreten und tödtet ihn mit furchtbarem Schlage, wenn er dieser Warnung nicht folgt. Unter diesen Wesen, wie sie in verschiedenartiger Gestalt die Märchenwelt aller Nationen bewohnen, giebt es in Irland besonders eins, den

---

*) „Wenn man diese Geister frägt, warum sie nicht zu ihren Ruhestätten zurückkehren, so sagen sie, daß sie nach dem Hecla-Berge wandern müßten, und verschwinden augenblicklich."

Fetſch nämlich, welches eine ganz eigenthümliche Ausbildung hat. Am Aehnlichſten dürfte dem Fetſch jene unheilvolle Erſcheinung ſein, welche wir in Wales unter dem Namen „Llatrith" kennen gelernt haben, und die darin beſteht, „daß irgend eine Perſon geſehen wird, von der man weiß, daß ſie's nicht ſelbſt ſein kann, da ſie ſich in weiter Entfernung von dem Orte befindet. Doch bedeutet dieſe Erſcheinung nicht immer und unfehlbar den Tod... Die Llatrith ſpricht nicht und verſchwindet, wenn man ſie anredet" (Herbſt in Wales. 201). Auch in Hochſchottland giebt es etwas entfernt Aehnliches; das „Fioſachd" nämlich, welches im Allgemeinen Hexerei und Wahrſagerei bedeutet, aber auch einer der vielen Namen für das „zweite Geſicht" iſt. Das ſchottiſche „Feuch" und das iriſche „Feach" (ſehen, ſchauen) ſcheint die Wurzel des Ausdrucks in beiden Sprachen zu ſein, wiewol es den eigentlich iriſchen „Fetſch" in Schottland nicht giebt.

Der Fetſch iſt nach Anſehen, Geſtalt, Geſicht und Kleidung das genaue Ebenbild einer gewiſſen Perſon, welche bald aus dieſer Welt ſcheiden muß. Gewöhnlich erſcheint der Fetſch der dem Tode verfallenen Perſon ſelbſt, zuweilen jedoch auch einem Freunde des Abgerufenen; dann bewegt er ſich vor demſelben her, ohne Warnung oder Anzeichen irgend welcher Art, ſondern eben nur eine myſteriöſe Erſcheinung zu einer Zeit und an einem Orte, wo das wirkliche Weſen nicht ſein kann. Meiſtentheils wird der Fetſch geſehen, wenn die durch das Fatum beſtimmte Perſon eines plötzlichen Todes durch unvorhergeſehenen Zufall ſterben wird, und dann ſoll die Erſcheinung beſonders verſtört und unruhig in ihren Bewegungen ſein. Der Volksglauben hat keine Erklärung weder für das Erſcheinen des Fetſch, noch für ſeinen Urſprung. Alles, was man weiß, iſt, daß er kommt — ein dunkles Wesen des Schauers und Schreckens. Die Zeit seines Erscheinens sind die späteren Stunden des Nachmittags und namentlich die Nacht; erscheint er jedoch ausnahmsweise einmal am Vormittag, so ist das ein glückliches Zeichen für denjenigen, dessen Züge der Fetsch trägt, und die Vorbedeutung eines langen Lebens. Im Westen heißt der Fetsch auch „Thivisch", ein Wort, welches sicherlich mit „taibsche", eine Vision, Erscheinung, ein Phantom und mit dem schottischen „taibschedea-rachd" zusammenhängt, welches der gebräuchlichste Ausdruck für das „zweite Gesicht" ist. —

Wenn nun der Fetsch in Bezug auf seine verhängnißvolle Erscheinung durchaus an keine Bedingung gebunden ist, so giebt es in Irland noch einen anderen Boten des Jenseits, ein scheues, schönes Nachtgespenst, das unruhvoll in jener Dämmerung, in die noch kein sterbliches Auge geschaut, umherflattert und jedesmal kommen muß, wenn der Tod an die Thüren gewisser Häuser anpochen will. Es ist die Banschi, das traurigste, wehmüthigste und lieblichste Geschöpf der irischen Geisterwelt. Die Banschi, die weiße Fee, ist der weißen Frau des germanischen Märchenglaubens einigermaßen verwandt, aber wilder, großartiger, ergreifender.*) Sie ist der überirdische Begleiter gewisser, alter Familien in Irland und wird immer nur kurz vor dem Tode irgend eines Mit-

---

*) Einen eigenthümlichen Charakter hat sie auf der nordfriesischen Insel Sylt angenommen. Sie heißt daselbst „Stademwüffke", das Gestadeweibchen und der Schauplatz ihrer Erscheinung ist Hörnum, das dünenreiche, von der anstürmenden Nordsee zerrissene und unbewohnte Südende der Insel. Dort umschwebt sie die alten verwüsteten Wohnstätten nicht blos als über das Verderben weinende, klagende und händeringende, in Weiß gekleidete Jungfrau, sondern als wachender und betender Schutzgeist. (Vergl. Hansen, Friesische Sagen 191.)

gliedes derselben gesehen oder gehört. „Für das hohe Geschlecht der Milesier allein fließt dahin die Musik ihres Weh's." (Clarence Mangan.)

Diesen Familien ist sie seit unvordenklichen Zeiten treu geblieben; obwol die Nachkommen derselben heut in Schmutz und Elend versunkene Bewohner der Haide und der felsigen Küste sind. Die Banschi erscheint in einer großen Verschiedenheit von Gestalten, und allgemein charakteristisch ist ihr nur jener eigenthümlich traurige Schrei, mit welchem sie das Unglück beklagt, welches der Familie, die sie liebt, zustoßen wird. In einigen Theilen Irlands erscheint sie als ein alter Mann, in anderen als ein altes Weib, die ihre traurige Botschaft aus dem Aschenwinkel oder unter der Treppe her verkünden. Schon in den finnianischen Gedichten finden wir ihre Spur. Hier kommt die Erscheinung auf dem Schlachtfeld von Gabhra in der Todesstunde Oscur's, und zwar in der Gestalt Fin Mac Cumhail's, seines Großvaters.

  Den Augenblick, da Oscur sah Fionn
  Seinen Weg entgegen ihm lenkend,
  Schaut' er auf das Antlitz des Fürsten,
  Und grüßte seinen Großvater.

  Da sprach Oscur
  Also zu dem Sohne von Moirne:
  Ich lege mein Haupt nun zum Tod hin,
  Seit ich Dich geschaut, Fionn, mit den scharfen Waffen.

  Traurig ist es, Oscur, Du Tapfrer;
  Du guter Sohn meines Sohnes,
  Nach Dir werd' ich machtlos bleiben,
  Nach Dir und den Finians von Erin.

  Da er hörte Finn's klagende Worte,
  Da wich von Oscur das Leben.
  Niederstreckt' er da beide Arme
  Und schloß seine schönen Augen.

Am Populärsten aber ist die Vorstellung, daß die Banschi als eine schöne, jugendliche, in Weiß gekleidete Frau erscheine, die ihren traurigen Schrei einmal oder zweimal vor dem Tod, aus der Nähe eines Baumes, einer Quelle oder See's ausstößt. Nicht immer wird sie gesehen; und dann gleicht ihr prophetischer Sterberuf dem walisischen „Cyhirraeth", dem traurigen Ton, „der weissagend dem Tod vorangeht, ohne daß man weiß, woher derselbe kommt oder wer ihn ausstößt." (Herbst in Wales, 203). Wenn sie aber gesehen wird, so schwebt sie dahin, den schönen Kopf in unaussprechlichem Schmerz unter den weißen Schleier geduckt, den die nacken Arme wie Flügel nach beiden Seiten hin ausbreiten; dann flattern ihre langen Locken über die entblößten Schultern und das weiße Gewand schmiegt sich eng an Leib und Beine. Und dann klingt durch den späten Nachmittag oder das düstre Schweigen der Nacht ihr Wehruf — ein dumpfer Ton, wie melancholisches Seufzen des Windes, und dennoch von der Bestimmtheit der menschlichen Stimme und auf weite Entfernungen hin hörbar — gleich

Luftigen Zungen, die menschliche Namen rufen
Ueber Sand und See und einsame Wildniß.

Traurig, dunkel, luftartig kommend und gehend, ist diese schmerzlich-weiche Triolenmodulation, welche zuerst von klagenden Geistern über dem Grabe eines Fürsten von Ossory gesungen sein soll, der Grundton aller irischen Melodien geworden — und unbewußt, daß es der Ton ist, mit dem das unbekannte Land, in das noch keiner von uns geschaut, ihn heimgerufen, wiederholt ihn das Klageweib des irischen Südens und Westens am Todtenlager des armen Bauernsohnes, dessen Väter einst Fürsten gewesen in Irland . . . .

Und so haben wir uns, auf unserer Wandrung durch die irische Feen- und Geisterwelt, eine Weile an dem Rande aufgehalten, wo der Schleier niederwallt. Wir versuchten ihn zu heben — aber nur vereinzelte Weherufe drangen uns entgegen, und die klagenden Gespenster des Fetsch und der Banschi huschten an uns vorüber. Wir wollten sprechen und vorwärts schreiten — aber eine unsichtbare Hand gebot uns Schweigen und Stillestehen. Wir stehen an der Grenze. Darüber hinaus ist Alles Nacht, Nebel und Vision. Wie ein Meer liegt es vor uns, wo jede emportauchende Welle von der folgenden begraben wird; eine Unendlichkeit, die vor uns auf- und niederwogt, ohne festen Punkt, auf welchem unsre Seele rasten könnte, ohne Antwort auf alle Fragen — ohne Grenze, als da, wo der Himmel selber sich in das graue Chaos zu begraben scheint. — Aber nicht immer grau.... oft, wenn die milde Morgensonne oder ein goldener Sonnenuntergang darüber steht, wird dieses Meer blau und ruhig und dünkt uns das Ziel unsrer Sehnsucht zu sein. Und dann aus dem lieblichen Duft, den der Zauber der Sonne und des Meeres webt, steigen selige Inseln hervor — Inseln, die wir mit den Fischerböten dieser Küste niemals erreichen würden, zu denen uns aber die Phantasie, der Wind, die Wolke entführt.

Die Sage von einem versunkenen Eiland ist allen Völkern des Abendlandes gemein; sie haben dieselbe aus ihrer Heimath im Osten mitgebracht. Die dunkle Erinnerung an die Zerstörung eines Continentes durch das Meer in vorhistorischer Zeit, gehüllt in den Duft der Sehnsucht, mag der letzte Grund dieser schönen Sage sein. Die Puranas sprechen von ihr und Plato kennt sie. Wir finden sie in allen Küstenländern, welche die indo-europäische

Race bewohnt; die Hindus, die Spanier, die Portugiesen glauben an sie und die Fata Morgana ist ihre letzte Spiegelung in der italischen See.

Eigenthümlich dabei zu beobachten ist es, wie dieses versunkene Eiland mit der fortschreitenden Cultur von Osten gen Westen wanderte. Die Tschandra Dwip der indischen Mythe liegen an der Westküste von Hindostan; die Atlantis wird jenseits der Säulen des Hercules dargestellt. Die Thule der Römer rückt von Jahrhundert zu Jahrhundert weiter hinauf in die Einsamkeit des Nordwestmeers und die fabelhaften Inseln der Seligen folgen ihr. Mit einem eigenthümlich geheimnißvollen und düsteren Nebel umgibt sie der Genius des ersten Christenthums. Procop von Caesarea gibt (in seiner Schrift „vom gothischen Kriege," IV. 20) folgende Schilderung von derselben:

„Brittia ist eine Insel in dem Ocean, etwa 200 Stadien vom Ufer, gegenüber den Rheinmündungen, zwischen den Inseln Britannien und Thule. Brittia liegt gegenüber den westlichen Spitzen Galliens. Thule aber, so weit wir es erfahren, nach dem nördlichen Ozean. Auf Brittia wohnen Angeln, Friesen, Brittanen. Viele wandern von ihnen alljährlich wegen Uebervölkerung zu den Franken aus. Pferde haben sie nicht. —

„In dieser Insel Brittia nun erbauten die Alten eine lange Mauer, welche einen großen Theil derselben von der andern scheidet; so aber, daß dort auch das Klima und alles Uebrige verschieden ist. Denn der Strich, welcher von der Mauer nach Osten reicht, erfreut sich der Jahreszeiten regelmäßigen Wechsels, mäßig warm im Sommer, kalt im Winter; er ist reich an Menschen, die dort ein Leben, wie die andern Sterblichen führen. Dort blühen die Früchte an den Bäumen, frohe Saaten, wie überall, keinen Mangel an Wasser hat diese Gegend. Auf der westlichen Seite ist Alles verschieden; dort könnten Menschen nicht einmal eine halbe Stunde leben. Schlangen, Vipern, unzählige giftige Thiere aller Art haben jenen Landstrich inne und die Einwohner erzählen, so seltsam es klingt, wenn Einer über die Mauer spränge, würde er, vom Pesthauch erstickt, sterben. Und weil ich nun so weit gekommen, muß ich eine den Fabeln sehr ähnliche Geschichte erzählen. Ich halte sie nicht absolut für wahr, obgleich sehr viele Männer sie erzählen, die in jenem Lande gewesen und behaupten, sie gehört zu haben; will sie aber doch nicht ganz übergehen, damit es nicht scheine, als hätte ich bei der Beschreibung von Brittia Etwas nicht gewußt.

„Sie erzählen also, die Seelen der Todten seien immer dorthin geschafft worden: wie dies geschieht, werde ich gleich erklären, so wie ich es selbst von Leuten aus jener Gegend ernsthaft habe vortragen hören — mir erscheint es wie ein Traum. Das Ufer der Gegend, welche (auf dem Festland) der Insel Brittia gegenüberliegt, ist bedeckt mit vielen Wäldern, darin wohnen Fischer, Landleute und Andere, welche des Handels wegen nach jener Insel reisen; den Königen der Franken untergeben, doch frei von Tribut. Von dieser Last sind sie seit lange folgenden Dienstes wegen befreit. Es sagen die Eingeborenen, sie hätten das Amt, daß Jeder von ihnen, wenn die Reihe an ihn kommt, die Seelen hinüberschaffe. Wenn sie diese Pflicht in der nächsten Nacht, wie sie ihnen durch den Wechsel übertragen, leisten müssen, so kehren sie in der Abenddämmerung in ihr Haus zurück und schlafen, den Führer der Fahrt erwartend. In stürmischer Nacht hören sie dann an den Thüren rütteln und mit dumpfer Stimme sich zum Werk berufen. Ohne Zögern springen sie vom Lager auf und gehen zum Ufer, unwissend durch welche Macht sie getrieben werden, aber doch gezwungen. Dort sehen sie Kähne bereit, ganz leer von Menschen, auch die ihrigen nicht, sondern andere (Kähne nämlich). Nachdem sie dieselben bestiegen, ergreifen sie die Ruder, und fühlen die Fahrzeuge so von Fahrenden beladen, daß sie kaum einen Finger über dem Wasser hervorstehen. Sie selbst erblicken Keinen und nicht länger als eine Stunde rudernd, landen sie in Brittia; obgleich sie sonst, wenn sie auf ihren Schiffen, und nicht mit Segeln, sondern mit Rudern fahren, dorthin kaum in dem Verlauf eines Tages und einer Nacht gelangen. Landend an der Insel bemerken sie sogleich, daß eine Ausschiffung geschehe; nachdem diese geschehen, stoßen sie ab rasch mit erleichterten Schiffen, von denen jetzt kaum der Kiel vom Wasser bespült ist. Keinen Menschen sehen sie; keinen, der mit ihnen schiffte, keinen der ausstiege: sie versichern nur von dort_her (?) eine Stimme zu hören, welche die Namen der einzelnen Aussteigenden nenne Denen, die sie empfangen, und ihrer früheren Würden erwähne und sie durch die Erwähnung des natürlichen Namens selber anzutreiben scheine. Wenn zugleich Frauen mit hinüberfahren, rufen sie die Männer bei Namen, mit denen sie in der Ehe gelebt." —

Procop schrieb im sechsten Jahrhundert nach Christi Geburt; sechshundert Jahre später, bei dem Grammatiker, Philologen und Historiker Isaak Tzetzes,*) dessen Camden als eines „fabulosi Graeculi" Erwähnung thut (in seinen „Insulae Britannicae"

---

*) Es giebt zwei Schriftsteller dieses Namens. Derjenige, den wir hier im Auge haben, schrieb einen Commentar zu der „Cassandra" des alexandrinischen Dichters Lycophron.

sub verbo: Insulae Fortunatae und Thule, s. seine „Britannia" Frankfurter Ausgabe von 1616, p. 744 und 745), liegt diese Insel schon viel weiter westlich, nämlich „im Ocean zwischen dem westlichen Britannien und der östlichen Thule." Die Thule aber soll nach seiner Meinung fünf Tag- und Nachtreisen hinter den Orkaden liegen, so daß Camden vermuthet, es möge wol Island gewesen sein. Die Erzählung des „Graeculus" indessen, von Camden in lateinischer Uebersetzung (a. a. O.) mitgetheilt, ist fast eine wörtliche Wiederholung des Procop, von welchem Camden Nichts weiß; nur der Schluß ist abweichend. Hier nämlich findet sich mit der Idee jener nächtlichen Todtenfahrt schon die andere Idee verbunden, daß nur Fromme und Gerechte daselbst wohnen könnten (ubi nullos nisi pios et justos habitare scripserunt), weshalb auch Tzetzes sie „Beatorum insulae" nennt, und Camden sie für die „Insulae fortunatae" hält, welche Horaz besungen.

Den reichsten Boden jedoch zu ihrer Entwicklung fand die Sage vom verschollenen Eiland in dem sehnsuchtsvollen Gemüthe des großen Celtenvolks, und die einzelnen Stämme desselben, wie sie am Westrande der Welt von Damals saßen, dem grenzenlosen Ozean, dem Untergang der Sonne gegenüber, haben sie zu den glänzendsten Gebilden entfaltet, die zum Theil in der Dichtung, zum Theil im Volksglauben noch erhalten sind. Das britische Eiland Avalon zwar lebt nur noch in der Arthurpoesie, wie das untergegangene Königreich Lyonesse nur noch in der Legende von Cornwallis. Aber die Celten, die sich, in wie verkümmertem Maße auch immer, in ihrer Nationalität und Sprache erhalten haben, glauben noch heutigen Tages an das versunkene Eiland: die Bretonen, welche dasselbe Ys nennen, suchen es in der Bai von Duarnenez und die Waliser sagen, der Mann könne es sehen.

welcher sich auf ein Stück Rasen vom Kirchhof des heil. David
stelle und westwärts gegen das Wasser schaue. Tiefere Spuren
dieses Glaubens jedoch finden sich nirgends, als bei dem Theile
des irisch gebliebenen Volkes, welches den Süden und Westen von
Irland bewohnt. Das ganze Meer, welches die Küsten desselben
bespült, ist voll von den Visionen dieses poesiereichen Volkes; ja,
sogar unter jedem seiner zahlreichen Binnenseen träumt es eine
versunkene Stadt oder ein von den Wellen begrabenes Dorf*). —

In der Grafschaft Clare, in der Nähe der Klippen von
Moher, wo in einiger Entfernung vom Lande die Woge sich
selbst am ruhigsten Tage mit weißem Schaume bricht, ist die
Sage unter dem Landvolk, daß dort eine große Stadt wegen
der Sünden ihrer ehemaligen Bewohner vom Meere verschlungen
worden, und jetzt nur noch alle sieben Jahre sichtbar sei. Und
wenn Jemand, welcher sie sieht, seine Augen fest darauf richten
und halten könnte, bis er sie erreicht hätte, so würde die Stadt
wieder erlöst, und er selbst unermeßlich reich werden. Der Mann,
welcher diese Geschichte erzählte, (Choice Notes from „Notes
and Queries." Folk Lore, p. 92. London, 1859.) berichtete
weiter, daß vor mehreren Jahren einige Arbeitsleute auf einem
Feld an der Hügelseite, der Bai gegenüber, beschäftigt waren; und
daß Einer von ihnen, der zufällig die Augen seewärts richtete,
die Stadt in aller Herrlichkeit aus der Tiefe emporsteigen sah.
Er rief seinen Gefährten zu, auch danach zu sehen; aber obgleich
sie dicht bei ihm waren, wollte es ihm doch nicht gelingen, sie

---

*) Ueber den eigenthümlichen Zusammenhang dieser Sagen von der versunkenen Stadt mit den „Crannoges" oder Pfahlbauten, welche sich unter dem Wasser vieler irischen Binnenseen befinden; s. Wilde, im „Athenaeum"
Nr. 1759 p. 831, 832. (London, 1860.)

zum Hinsehn zu bewegen. Zuletzt drehte er sich ärgerlich um, zu fragen, warum sie denn nicht kämen? Aber als er sich hierauf wieder der See zukehrte, um ihnen die Erscheinung zu zeigen, da war die Stadt im Meere verschwunden.

Lehrreich ist es auch hier, den Einfluß des Christenthums zu verfolgen, wie es der heidnischen Sage — anknüpfend vielleicht an die biblische Tradition von dem Untergang der Städte Sodom und Gomorrha und der Entstehung des todten Meeres — einen moralischen Hintergrund giebt. Das Christenthum konnte hier, wie in so vielen anderen Dingen, die heidnische Mythe nicht ausrotten; es ließ die Thatsachen derselben stehen, aber es schiebt ihnen neue Motive unter und verändert ihren ethischen Gehalt. Der Zauber des Heidenthums verwandelt sich in das christliche Wunder. Das versunkene Eiland bleibt, aber seine Feenherrlichkeit wird Gespensterspuk, und ein Gottesgericht war es, durch welches es in diesen geheimnißvollen Zustand versetzt wurde. Irgend ein großes Unrecht, früher auf demselben begangen, hat den Zorn Gottes erregt, der es strafend dem Elemente Preis gab. Das versunkene Dorf, über welchem jetzt die Seen von Killarney rollen, ging wegen eines Mädchens unter, welches im Rausche der Liebe seine Unschuld opferte; der See von Inchiquin verschlang eine volkreiche, blühende Stadt wegen der Ungerechtigkeit ihres Beherrschers. Lough Neagh, Lough Conn liefern ähnliche Beispiele; an jedem See von Irland haftet die Sage einer durch Gottes Fluch in seine Tiefe begrabenen Stadt.

Am Klarsten aber tritt diese Wandlung an dem großen Zaubereiland des Westens, an Hy-Brasail selber hervor, dessen Stätte der Strich des Atlantischen Meeres zwischen der Galway- und der Clew-Bai ist. Es ist das verlorene Paradies des alten

Irlands. Noch in den finnianischen Gesängen heißt es: Tir na n-Oge, das Land der ewigen Jugend, und die vom Schauplatz ihrer Thaten geschiedenen Helden sind seine seligen Bewohner. Es ist ein Land voll ewigen Sonnenscheins, mit breiten Häfen und stolzen Flüssen, mit Forsten, Bergen und Seen. Burgen und Schlösser krönen seine Hügel, und so weit das Auge reichen kann, grünen duftige Wiesen, laden schattige Haine zur Ruhe ein. Bilder und Scenen von unbeschreiblicher Lieblichkeit ziehen dem Auge des glücklichen Beschauers vorüber, seine Seele mit Träumen der Schönheit und des Wunders erfüllend; prächtige Rosse, herrliches Gewand, streiterfahrene Genossen, holde Jungfrauen erwarten ihn. Offian war der letzte Besucher dieses Paradieses; das Christenthum und der heilige Patrick haben es zerstört. Aus Tir na n-Oge wird Hy-Brasail; die heidnische Stätte voll Segen und Schönheit, belegt das Christenthum mit seinem Bann und Fluch und das Land der ewigen Jugend verwandelt sich in „das Eiland unter Zaubermacht". Traurige Nebel verhüllen es dem Schiffer, der ihm vorüberfährt; gefahrdrohende Wirbel umspülen es. Böse Geister haben es in Besitz genommen, und selten nur noch, in der Stunde des Sonnenunterganges dem Auge der Sterblichen erscheinend, harrt es auf Erlösung. Es zu suchen machte sich im 6. Jahrhundert St. Brandan, der Abt von Clonfert bei Galway auf; alte Schifffahrtskarten, bis in's 15. Jahrhundert, verzeichneten seine Stelle, und noch einmal, im letzten Drittel des 17. Jahrhunderts, verbreitete sich die Nachricht, es sei entdeckt worden. Der Bericht dieser wunderbaren Entdeckung erschien 1675 in London unter dem Titel: „O'Brazile, or the Enchanted Island, being a perfect Relation of the late Discovery and wonderful Disenchantment of an Island on the North of

Ireland." (Abgedruckt in Hardiman, Irish Mynstrelsy, I, p. 369—376.) Das Pamphlet ist ursprünglich ein Brief, von einem Engländer Namens Hamilton aus Londonderry im nördlichen Irland, an seinen Vetter in London gerichtet. Der Vater des Letzteren, „ein weiser Mann und großer Gelehrter", hatte von Karl I. ein Patent auf das Eigenthum dieses Eilands, wenn immer es entdeckt werden sollte, gelöst; und Hamilton beeilt sich nun, seinem Vetter Kunde von der geschehenen Entdeckung zu geben, damit er von seinem Rechte Gebrauch machend, den Besitz des Geisterkönigreichs antrete. Der Schreiber gesteht, daß er zuerst selbst zweifelhaft gewesen sei in Bezug auf die Existenz dieses Eilands, obgleich „manche vernünftige und gottesfürchtige Personen beständig versicherten, daß sie bei hellen Tagen (vorzüglich zur Sommerzeit) ein sehr großes, abgeschiedenes Eiland klar sehen könnten; aber daß, nachdem sie lange hingesehen, es verschwände; und daß zuweilen ein Freund und Nachbar einen andren riefe, um es zu schauen, bis eine große Menge derselben zusammen sei, von denen ein Jeder sich fest überzeugt halte, daß er es vollständig sehe: und daß Einige von ihnen in Böten demselben entgegengefahren seien, aber daß sie — an dem Orte angekommen, wo sie glaubten, das es sein müßte — Nichts gefunden hätten." — Da sei es nun geschehen, daß Captain John Nisbet, auf der Rückreise von Frankreich, woselbst er Wein geladen hätte, sich am 2. März 1674 in der Nähe der irischen Küste befunden habe. „Einer klaren Frostnacht folgte auf Einmal gegen Morgen, zur Zeit des Sonnenaufgangs, ein undurchdringlich dicker Nebel rund um das Schiff her, welcher ungefähr drei Stunden liegen blieb, und dann verschwand. Nun war es wieder hell und klar, wie zuvor, aber die ihnen sonst so vertraute Küste erkannten sie nicht länger.

Der Captain ließ hierauf den Grund untersuchen, Anker werfen und sandte ein Boot mit vieren seiner Leute — den Schiffszimmermann James Roß unter ihnen — aus, um die unbekannte Küste anzulaufen. Der Befehl ward ausgeführt, das Boot legte an und die Mannschaft stieg aus. Sie durchschritten ein kleines Gehölz und kamen hierauf in ein höchst liebliches, grünes Thal, in welchem Kühe, Pferde und Schafe weideten. Im Hintergrunde stand ein prachtvolles Schloß von Stein. Sie pochten an's Thor, aber Niemand öffnete. Alles war still und blieb so. Sie hörten das Echo ihrer Fußtritte. Sie sahen kein menschliches Wesen, nicht Mann, Weib noch Kind. Endlich, nach zwei, drei Stunden, kehrten sie an's Gestade zurück und riefen ihren Gefährten zu, wie es ihnen ergangen. Die Zurückgebliebenen beschlossen gleichfalls an Land zu kommen; nur zwei wurden zur Bewachung des Schiffes an Bord gelassen. Die Schaar sonderte sich in zwei Abtheilungen, welche die Küste nach den entgegengesetzten Seiten durchschweiften. Keine von beiden erblickte Jemanden, den sie hätten fragen können, wo sie seien; aber in der Ferne standen schauerliche Wälder, die sie zu betreten sich fürchteten. Gegen vier Uhr Nachmittags trafen sie sich am Boote wieder, lasen trocknes Holz auf und machten neben einer vor Alter umgestürzten Eiche ein großes Feuer an, an das sie sich setzten, plauderten und Taback rauchten. Aber nicht lange hatten sie so zugebracht, da erhob sich ein furchtbar gräßliches Geschrei aus der Gegend, wo das Schloß stand, verbreitete sich allmälig über die ganze Küste und schien dem schauerlichen Walde in der Ferne zuzuschreiten. In Todesangst flüchteten die Männer in die Böte und ruderten hastig dem anlernden Schiffe zu; aber sie durften nicht wagen, weiter in See zu gehn, denn sie hatten nicht zwei Faden Wasser. — Am andern Morgen, sogleich nach Sonnenaufgang, sahen sie einen sehr alten, ernsten Mann mit zehn Begleitern, die baarhäuptig gingen, als wären sie seine Diener, gegen die Küste wandeln, wo das Schiff lag. und sobald sie nahe genug waren, rief der alte Mann in der alten Sprache von Irland*) dem Captain, der mit den Uebrigen auf Deck stand, zu: woher sie kämen? Wohin sie wollten? Was sie geladen hätten? Nachdem sie diese Fragen genügend beantwortet hatten, wurden sie von dem alten Mann eingeladen, auf's Neue an Land zu kommen; und sie nahmen diese Einladung an, nachdem ihnen der alte Mann seinerseits versprochen hatte, daß keinerlei Gefahr ihrer harre. Sobald sie gelandet waren, umarmte sie der alte Mann, Einen nach dem Andern, und erzählte ihnen, daß sie die angenehmste Erscheinung seien, welche das Eiland mehrere hundert Jahre lang gehabt habe; daß das Eiland O-Brazile genannt sei; daß seine Ahnen mehrfach die Beherrscher desselben gewesen, und daß er, sowie einige andere Personen von Stande durch die boshaften Teufelskünste eines großen Negromantikers auf tyrannische Weise in dem Schlosse gefangen gehalten seien, an welches die Schiffer gepocht hätten, und daß mehrere von ihren Ahnen daselbst schon auf's Elendeste verkommen seien. Das ganze Eiland sei bis dahin von einer Schaar böser Geister bewohnt gewesen, die es für sterbliche Augen unsichtbar gemacht hätten; nun aber sei die Zeit des Fluches, die bis zum letzten Tage des vergangenen Monats gedauert habe, seit drei oder vier Tagen verstrichen. Als die Schiffer fragten, warum

---

*) Das Original hat: „the old Scotch language"; aber „Scotch" ist hier offenbar in dem ursprünglichen Sinne gebraucht, wo „Scotia" das eigentliche Irland bedeutet, ehe dieser Name vom Mutterlande auf das von ihm colonisirte, heute sogenannte „Schottland" übergegangen war.

denn gestern nicht Jemand geantwortet habe, da man doch an's Schloß pochte, antwortete der alte Mann, daß — ob die Zeit des Fluches nun auch vorüber, die Insel wieder sichtbar sei und von Jedermann betreten werden könne — doch er so wenig als die Uebrigen die Macht gehabt hätten, Jemandem, der sie anrede, früher zu antworten oder sich aus dem Kerker zu befreien, bis einige gute Christen ein Feuer auf dem Eiland angezündet haben würden. Auf die Frage, ob das Eiland nun vollständig frei sei und nimmer wieder verzaubert werden würde, sagte der Alte, alle Mächte der Finsterniß seien mit dem fürchterlichen Lärm, den sie (die Seeleute) gestern gehört haben würden, auf Immer davon gezogen. — Nach diesen Worten führte er sie in das besagte Schloß (dessen Hauptthurm beinahe zerstört war), woselbst ihnen verschiedene andre ernste Personen, Männer und Frauen, entgegenkamen, die den Captain und seine Leute umarmten und ihnen Dank sagten. Alsdann wurden auch die beiden Andern aus dem Schiff geholt und Alle wurden herrlich bewirthet und reichlich beschenkt. Man zeigte ihnen die Pracht und die Schätze des Eilands, welches — wie die Leute nachmals aussagten — über sechzig Meilen lang und über dreißig breit ist, und Ueberfluß hat an Pferden, Kühen, Schafen, Hirschen, Kaninchen und allen Arten von Vögeln, obwol es daselbst keine Schweine gibt.*) Auch reiche Minen von Silber und Gold gibt es dort, aber wenig Leute und spärlich Korn. Städte und große Ortschaften sind daselbst gewesen, aber sie liegen nun sämmtlich in Trümmern.

---

*) Es ist ein sehr feiner Zug in dieser märchenhaften Ueberlieferung, daß in diesem paradiesisch geschilderten Lande das Thier, welches den Iren überall an sein heimathliches Elend erinnert, und in seinem Elend freilich unentbehrlich ist — das Schwein nämlich — fehlt.

— Nach einem herzlichen Abschied zeigte man den Seeleuten den Weg zur Küste zurück, sie bestiegen ihr Schiff, landeten Tags darauf in dem Hafen, wohin es bestimmt gewesen, und legten hier vor der Ortsgeistlichkeit und dem Stadtmagistrat einen aktenmäßigen Bericht von Dem ab, was sie auf dem verzauberten Eiland gesehn und gehört hatten"....

Die Erzählung endet mit der Notiz von einigen andern Expeditionen — bei einer von welchen sich ein Geistlicher befand — die nach dem Eiland unternommen worden seien, und deren Rückkunft und weitere Nachrichten man erwarte. —

Diese weiteren Nachrichten sind ausgeblieben. Ob das Zaubereiland wieder in die Macht der bösen Geister zurückgekehrt ist? Wir wissen es nicht. Wir wissen nur, was uns die Bootsleute der Arran-Inseln — der letzten Außenposten von Europa im Atlantischen Ozean — gesagt haben, daß sie nämlich, an hellen Tagen zuweilen, wenn die Sonne in's Meer geht, weit, weit weg im Westen ein wunderschönes Land mit Thürmen, Schlössern und prachtvollen Wäldern auftauchen sähen, und daß sie glaubten, dies sei Hy-Brasail, das große Eiland unter Zaubermacht.

Zweite Abtheilung.

Märchen.

!

1. Die Stadt im Meere.

Die Sonne eines lieblichen Sommerabends war eben hinter die dunklen Leinster=Berge gesunken, als die Bauern von Lacken und den benachbarten Dörfern zur Todtenwache Peter Revel's gingen, dessen Leichnam in seiner geräumigen Scheune ausgelegt worden war. Das Todtenhaus, obwol immer finster, war es diesmal mehr als je. Denn der Todte war der Letzte seiner Familie. Der Tisch, auf welchem sein Leichnam lag, hatte innerhalb der letzten zwölf Monate die Leichname seines Weibes und seiner sechs Kinder getragen.

Lacken ist eine Landzunge in dem Theile der Grafschaft Wexford, welcher Bargie heißt, und sie erstreckt sich von den kleinen Dörfern Duncormick und Bannow ab, allmälig in's Wasser. Dicht vor Lacken liegt die Sandbank von Ballyteige, die das Land vor den Wogen des Sanct Georg's Canals beschützt, während die gefesselten Wasser, welche hier an= und abbrausen, immerwährend einen betäubenden Lärm machen, nach dessen verschiedenem Klange die Bauern den Wechsel in der Witterung vorhersagen. —

Die Todtenwache von Peter Revel auf Lacken war sehr besucht. Pfeifen und Tabak lagen zum Ueberfluß auf dem Tische; und Brod, Käse und Whiskey wurden mit freigebiger Hand ausgetheilt. Die Sitte der Todtenklage (caoine) war in diesem Theile von Irland nicht gebräuchlich. Es wurde viel gesprochen und geschwatzt.

„Ich bin fest überzeugt," sagte ein altes Weib, „daß Peter Revel keinen glücklichen Tag mehr gehabt hat, von der Stunde an, wo er sein Haus auf den Paß der Schiogs (Feen) baute, den „das gute Volk" gehn muß, wenn es von dem Rath (Feenhügel) zur Stadt im Meere wandert. Seine Kuh, sein Pferd, sein Schwein, sein Schaf starben; und da er keine Acht auf ihre Warnung hatte, so starben auch seine sechs Kinder, eins nach dem andern, dann sein Weib, und nun er selbst. Wir wissen es ja Alle, daß in jeder lieben Nacht die Feen kamen und in seinem Hause spukten."

„Holla — wir Alle! Wer sagt Dir, wir Alle? Ich weiß nichts davon, zum Beispiel!" schrie Lukas Sparrow, das Großmaul von Duncormick genannt. Das Großmaul saß in einem Winkel der Scheune, hatte Peggy Roach, sein Mädchen, auf dem Schoos und lachte laut über alle Geschichten, und sagte, er glaube kein Wort davon, weder von den Schiogs, noch von der Stadt im Meere, und er wolle Alles für Unsinn und Weibergeschwätz halten, bis er sie selber gesehen.

„Aber ich habe sie gesehn," sagte ein alter Fischer — „ich habe die Stadt im Meere gesehn. Oft und oft, wenn ich darüber hinsegelte, hab' ich die Schornsteine und die Zinnen des Schlosses tief unter dem Wasser gesehen. Sie sagen, es sei durch ein Erdbeben dahingekommen; ich aber glaube, es war Zauberei. So klar lag Alles da, wie ich über den Rand des Bootes gelehnt, hinuntersah. Es war, als säh' ich von einem Berge in eine Stadt hinunter, aus welcher der Morgennebel aufdampft."

Aber das Großmaul lachte noch lauter, und wollte Nichts glauben, sagte er. Lukas Sparrow war Einer von den wenigen Protestanten in dieser Gegend; und obwol er sich gelegentlich seiner Treue für den englischen König und die englische Kirche rühmte, so nahm er sich doch sehr in Acht, daß er dadurch bei seinen katholischen und irisch gesinnten Freunden und Nachbarn keinen Anstoß errege. Er besuchte daher mit Ausnahme der Kapelle*) jeden Ort, wo die anderen Burschen sich zu versammeln pflegten; und da er von ansehnlicher Statur war, sich immer sehr herausputzte und dabei gewaltig schwadroniren und renommiren konnte, so bekam er den Beinamen „das Großmaul von Duncormick." Und obwol er behauptete, daß er den Glauben des Volks an Schiogs verachte, so gab es doch im ganzen Lande Niemanden, der sich mehr vor der Macht derselben fürchtete. Wenn er bei Nacht einen Kreuzweg passirte, so versäumte er es wahrhaftig nicht, zu pfeifen; und wenn er bei Rath und Mote (Feenhügel) vorüberging oder ritt, so machte er das Zeichen des Kreuzes. Wenn es Nichts nütze, so schade es doch Nichts, sagte er; und was einem Katholiken erlaubt wäre, würde auch für einen Protestanten nicht sündhaft sein.

Es war um das Jahr 1780; die ersten Vorspiele der irischen Revolution von 1798 zeigten sich. Die Volontairs hatten sich gebildet, eine Nationalarmee von mehr als 40,000 Mann, deren Oberbefehlshaber der Herzog von Leinster war. Diese Armee war dem König noch treu und trug seine Uniform; sie war blos gegen das englische Parlament gerichtet. Aber nicht lange, so änderte sich mit dem Zustand der Dinge in Irland auch die Stimmung des Volkes und der Volksarmee. Die amerikanische Revolution hatte ihr Beispiel gegeben; die französische Revolution be-

---

*) The Chapel, die Kapelle, das katholische Bethaus im Gegensatz zur Church, der englisch-protestantischen Kirche.

gann. Aus den Volontairs wurden die „United Irishmen", deren heimlicher Zweck es war, das englische Joch abzuwerfen, um eine Republik zu begründen, und die in späteren Jahren noch eine so blutige Rolle zum eigenen und dem Verderben ihres Vaterlandes spielen sollten. Daß das Großmaul von Duncormick unter die Volontairs ging, versteht sich von selbst; er hätte es schon wegen der schönen Uniform gethan. Am Tage nach jener Todtenwache mußte er Depeschen nach Duncannon bringen und er ritt in seiner Uniform; denn in Dienstsachen ohne Uniform zu reiten, das hätte dem Großmaul wol einfallen sollen! Früh Abends kam er in Duncannon an, und nachdem sein Geschäft besorgt war, ging er mit seinem Vetter, der dort in Garnison lag, in's Bierhaus, und erst spät, ein wenig betrunken, dachte er an die Heimkehr. — Von den beiden Wegen, die er einschlagen konnte, war der über die Sandbank von Barristown der nächste. Lukas sah sich den Mond an.

„Er muß nun über dem Giebel unseres Hauses stehen," sagte er. — „Die Fluth ist fern. Ich will deswegen über die Sandbank reiten und noch einmal bei Peggy Roach vorsprechen, eh' ich heimkehre." Mit diesem Entschluß wandte er sein Pferd rechts und kam bald nach dem Dorfe Tintern. Wie überraschte es ihn aber, als die Dorfglocke eilf schlug, da er die erste Hütte erreicht hatte. Es war ihm ganz unerklärlich, wie die Zeit so rasch vergangen sein sollte; aber er mußte auf jeden Fall eilen, heimzukommen und gab dem Pferde die Sporen, und vorwärts ging's in gestrecktem Galopp. Es dauerte auch nicht lange, so zeigte ihm der schrille Laut des Strandpfeifers und der Schrei der Möve an, daß er der Sandbank nahe sei; und wenige Minuten darauf lag die breite Fläche von Strand und Wasser vor ihm.

weiß wie Silber vom Glanze des untergehenden Mondes. Dieser Anblick befreite ihn bald von aller Furcht vor den Schiogs, die denn doch zuweilen in seinem Gemüth aufgestiegen war, wenn er bei gar so verrufenen Stellen vorübergekommen war; und als er den steilen Hügel, der unmittelbar zum Sande hinunterführt, abwärts ritt, da fing er an zu pfeifen. Denn „pfeif' und fürchte dich nicht vor den Feen", war ein alter Spruch, an den er freilich nur um Mitternacht glaubte, wenn er allein und draußen war. Er fühlte sich nun vollständig sicher und sah sich dreist um; jetzt konnte ihm Nichts geschehen. Auf der linken Seite sah er denn auch wirklich Nichts, als Sand und faulenden Seetang; als er sich aber nach Rechts wandte, da erschrak er nicht wenig über die Anwesenheit eines Reiters, der neben ihm hertrabte. Er dachte, daß er den Reiter kennen müßte; und doch — er konnte es nicht sein! War es doch erst gestern Nacht gewesen, daß er den Leichnam Peter Revel's auf dem Tisch in seiner eigenen Scheune ausgelegt sah; und doch trug der Reiter neben ihm dieselben Kleider und ritt dasselbe Pferd, wie Peter Revel es allzeit gethan.

„Sein Fetsch" (gespenstische Erscheinung, die dem Tode eines Menschen voranzugehen pflegt), dachte Lukas; aber sein Fetsch konnte es nicht sein, denn Peter war ja todt. Es mußte sein Geist sein — schrecklicher Gedanke! Aber doch! — vielleicht täuschte ihn die Furcht, und morgen lachte das ganze Kirchspiel über ihn.

Darum faßte er sich ein Herz und mit angehaltenem Athem rief er: „Gott grüß' Euch!" Aber kaum, daß er den Namen Gottes genannt hatte, da schlug ein Blitzstrahl dicht vor ihm in den Boden; und der Geist neben ihm sagte: „Wohin willst Du?" „Nach Haus!" stotterte Lukas, der nun auch die Stimme Peter Revel's erkannt hatte. „Zu spät!" erwiderte dieser; „komm', Du

sollst eine Nacht mit alten Nachbarn verbringen — komm, komm!"
Und hurra, hurra — vorwärts ging's, beide Pferde in sausendem
Galopp, vorwärts, immer vorwärts und in's Wasser hinein, als
sie zum Canal zwischen der Sandbank gekommen, und Lukas
hörte ein dumpfes Murren, als ob die Wellen sich über seinem
Haupte schlössen.

Und siehe! — auf einmal ritten sie einen köstlichen Weg
entlang; und es war ein schöner Sommertag, wiewol die Sonne
nirgends zu sehen war. Keine halbe Stunde war vergangen, da
ritten sie in eine alterthümliche Stadt ein, wie sie Lukas nie zuvor gesehen. Er konnte kaum das Lachen unterdrücken, als er
die sonderbaren Trachten der Leute sah, die in Geschäften oder
zum Vergnügen auf der Straße gingen. Nach einer Weile hielten sie vor einem geräumigen Hause mit vielen Erkern und ge-
schnitzten Balken stille und stiegen ab. Das Großmaul ward von
einer Schaar Damen und Herren bewillkommnet, die allerdings sehr
wunderlich angezogen, aber dennoch sehr höflich und sehr liebens-
würdig waren. Sie waren so aufmerksam und betrugen sich so
ungemein gefällig, daß Lukas seine eigenthümliche Lage bald vergaß, und als das Großmaul, das er gewöhnlich war, eintrat
und an den Freuden der Gesellschaft Theil nahm. Die Speisen,
die man ihm vorsetzte, waren von überaus köstlichem Geschmack,
und die Früchte und Blumen dufteten gar bezaubernd; aber über
Alles schön und lieblich mundete ihm der Whiskey — er übertraf
Alles, was je seine Lippen genetzt. Und bald war denn auch
unser gutes Großmaul, das sich von seinem ersten Rausch kaum
erholt hatte, wieder so betrunken, daß er nicht zwei von drei un-
terscheiden konnte. Er fing an Dinge zu schwatzen, die nicht Hand
noch Fuß hatten, lachte, wo Nichts zu lachen war, und sang in

himmelschreienden Mistönen, bis er zuletzt unter den Tisch fiel und von seinen Kumpanen in eine anstoßende Kammer geworfen wurde. Als er erwachte ... wo war das Bett, wo war die Kammer? Er lag auf einem nackten Felsen, dicht am Leuchtthurm von Hook, und der Schaum des Meeres spritzte über ihm dahin. Er beeilte sich nun, fortzukommen, und da er sein Pferd nicht finden konnte, so machte er sich, wie er war, in seinen schweren Reiterstiefeln auf, um so rasch als möglich seines Vaters Haus in Duncormick zu erreichen. Wie er so seines Weges dahinschritt, da wunderte er sich sehr, daß ihm kein Mann begegnete, und daß die Frauen und Kinder, die ihm begegneten, in Schreck und Entsetzen vor ihm flohen. Und was das Wunderbarste war: er kannte nicht eins von den Gesichtern, obwol er keine Stunde weit von seinem Dorfe war. Auf einmal hörte er in der Ferne Kriegsgeschrei; und bald darauf kamen ihm fliehende Truppen entgegen; es waren Rothröcke, und da er sich auch zu den getreuen Unterthanen und Soldaten Seiner Majestät zählte, so ging er unerschrocken vorwärts; aber seine Cameraden kannten ihn nicht, starrten ihn an und lachten.

„Wer ist das?" schrieen Einige.

„Schießt ihn über den Haufen!" schrie ein Anderer.

„Schenkt dem alten Schurken das Leben!" sagte ein Dritter.

„Alter Schurke ....!" wiederholte Lukas, sehr aufgebracht. Aber als er von Ungefähr seine Hand an's Kinn brachte, da stieß er einen wilden Schrei aus; ein Bart, wol eine halbe Elle lang, hing auf seine Brust nieder. In diesem Augenblick wurde aus der Ferne wieder Geschrei und das Nahen vieler Menschen vernommen. Die Soldaten flohen, und Lukas schritt weiter nach Duncormick zu. Aber er war noch nicht sehr weit gekommen, als eine Schaar von Pikenmännern ihm den Weg versperrte.

„Ein Orangemann!" schrieen sie — „rennt ihm ein halb Dutzend Piken durch den Wanst — dem protestantischen Hund!" Und eben wollten sie ihre Drohung ausführen, als Lukas einen Schulkameraden unter ihnen entdeckte. Aber er hätte ihn beinah nicht wieder erkannt, so gänzlich hatte sich dieser verändert. Er sah wol an die zwanzig Jahr älter aus, als da, wo er ihn zuletzt gesehn.

Mit Mühe machte er sich ihm verständlich; „kennst du mich nicht" — rief er, „kennst du das Großmaul von Duncormick nicht?" und als er fragte, „wie geht es Peggy Roach?" da antwortete ihm ein Bursch, sechs Fuß hoch: „Dank Euch für gütige Nachfrage — meiner Mutter geht es sehr wol!" — Das war zu viel für den armen Lukas; und mit der Absicht, sich das Leben zu nehmen, legte er die Hand an's Schwert, aber — es war eingerostet. Und nun ward es Allen klar, daß er zwanzig Jahre lang als Gefangener in der Stadt im Meere gelebt! — Während seiner Abwesenheit von der Welt war die Rebellion von Anno '98 ausgebrochen und es war die von den „United Irishmen" geschlagene königliche Armee, der er auf ihrer Flucht von Wexford nach Duncanon begegnet war.

2. Der Hexenmeister von Crunaan.

In dem Theile von Leinster, wo die Grafschaften Carlow, Kilkenny und Wexford zusammenstoßen, da liegt ein kleines, bergumschlossenes Thal, welches vom Volke „die Feenschlucht von Crunaan" genannt wird. Das Thal ist einsam und abgelegen und es findet sich nichts Merkwürdiges darin, weswegen ein Reisender es besuchen sollte; denn ein heiliger Brunnen, ein klarer Bach, die Ruine einer Lehmhütte und einer von jenen Erdhügeln, von welchen die Alterthumsforscher sagen, daß sie Grabdenkmäler seien, und von welchen das Landvolk behauptet, daß sie die Wohnungen des „guten Volks" seien: das sind Dinge, die man ja überall auf der grünen Insel sehen kann.

Vor mehr als hundert Jahren aber lebte in der Hütte, die nun eine Ruine ist, im Thal von Crunaan ein fleißiges und ehrbares Ehepaar, mit Namen Roach. Der Segen fehlte ihrer Ehe nicht, und zur gehörigen Zeit kriegten sie einen Sohn, den sie — dem Heiligen der Insel zu Ehren! — Patrick nannten. Bis zu seinem zweiten Jahre gedieh der kleine Bursch sehr wol; hatte freundliche, helle Augen, Aermchen und Beinchen kugelrund, und lachte und hüpfte, wenn man ihn ansah. Da war er nun eines Tages an den heiligen Brunnen, der, wolumzäunt, sich in der Nähe des älterlichen Hauses befand, gekrochen und spielte mit den wilden Blumen, die im Grase umher wuchsen. Mittlerweile war auch eine fremde Frau zu dem Brunnen gekommen, um Andacht und Gelübde an demselben zu verrichten. Neunmal machte sie auf nackten Knieen, die fast zu zart für solche Bußübung erschienen, um den Brunnen die Runde; dann erhob sie sich, trank dreimal vom wunderthätigen Wasser und band eine Locke ihres Haares an einen Zweig des Baumes, der sich über den Brunnen neigte. Dann nahte sie sich lächelnd dem kleinen Patrick, der sich wild im Grase umherkollerte, nahm ihn auf den Arm und küßte ihn. Die Mutter stand von fern und ward sehr stolz darüber; denn die fremde Frau sah gar vornehm aus. Das Kind gefiel der Fremden so ausnehmend, daß sie auf die Einladung der Mutter mit in die Hütte ging, einen Augenblick verweilte und alsdann beiden, der Mutter und dem Söhnchen, eine Kleinigkeit zum An= denken schenkte. Am andern Tage besuchte die fremde Frau ihre neuen Bekannten wieder. Doch kaum war sie in die Hütte ein= getreten, so fiel sie in eine Ohnmacht, und die erschreckte Bäuerin lief an den heiligen Brunnen, um Wasser zu holen. Als sie eilig zurückkehrte, war das fremde Weib, welches in einen langen Mantel gekleidet gewesen, verschwunden, und in der Wiege lag ein kleiner, häßlich plumper Balg, den sie nicht für ihr Kind ge= halten haben würde, wenn es nicht seine Stimme gewesen wäre, die in der bekannten Weise ihr „Mammy" gerufen hätte. Bleich und kränklich lag das arme Wesen da, das vor fünf Minuten noch so frisch, so gesund gewesen; nur die Stimme, wie gesagt, war dieselbe geblieben.

Die Mutter mußte daher wol denken, daß das Weib im langen Mantel eine Fee oder doch wenigstens ein Weib mit dem „bösen Blick" gewesen sei. Alle Weiber fünf Meilen aus der

Runde kamen zusammen, aber was war zu thun? Zum „Dachter" (so nennen die irischen Bauern den Doctor) konnte der Vater doch nicht gehen, da Medizin nichts gegen Feenkraft vermag; und an den Priester durfte man sich schon gar nicht wenden, „denn", sagte eine alte Gevatterin, „an das gute Volk glauben diese Leute nicht, und dagegen thun können sie doch auch Nichts." Sie aber wußte Rath. Was dem guten Paddy Roach passirt sei, das sei hundert Andern auch schon passirt. Das sei gar nicht sein Kind; das sei ein Wechselbalg und Kind der Feen, welches die Fremde unterm Mantel hereingebracht habe, während sie das rechte gestohlen. Man müßte sie nun zwingen, es wieder herauszugeben. Und sie wisse auch schon ein Mittel. Auf ihr Geheiß versammelten sich nun um die Mitternacht einige besonders Auserlesene in Paddy Roach's Wohnung, er lieferte eine neue, noch niemals gebrauchte Handschaufel, und der Wechselbalg, nackt ausgezogen, ward darauf gesetzt, in feierlicher Prozession vor die Hütte, in die schauerlich kalte Nacht hinausgetragen und auf den Düngerhaufen vor die Thüre geworfen. Die alten Weiber zogen drei Kreise und Paddy Roach ging rundum und sang folgenden Zauberspruch:

> All' ihr Feen, groß und klein
> Hört Ihr Euer Kind nicht schrei'n?
> Scharf und schneidend weht der Sturm —
> Aber nackt liegt Euer Wurm.
> Kommt darum mit Kutsch' und Roß,
> Führt es heim in's Feenschloß.
> Denn so bald der Hahn gekräht,
> Ein, zwei, dreimal — ist's zu spät.
> Grau und häßlich, plump und klein
> Wird das Feenkind dann sein.
> Aber eh' Ihr's tragt nach Haus,
> Gebt das meine mir heraus —
> Gebt heraus mein einzig Kind —
> Auf, ihr Feen, und macht geschwind!

> Und um Eurer Luft zu pflegen,
> Will ich Küch' und Herd' auch fegen.
> Wasser klar und Wasser rein
> Soll für Euch im Kruge sein.
> Und zu Eurem nächt'gen Spiele
> Kommt, o kommt auf meine Diele!
> Aber nun — bevor es eins! —
> Nehmt Eu'r Kind und gebt mir meins.

Dann gingen sie in die Hütte zurück — es rauschte durch den Schornstein und raschelte im Wind der Mitternacht — „das sind die Kutschen!" sagten die alten Weiber; das Kind ward hereingeholt und, obwol die alten Weiber behaupteten, nun sei es sein rechtes Kind, so war es doch der Wechselbalg geblieben, der es gewesen. Paddy konnte und konnte es nicht glauben; — ein Ding, blaßgrün und schwach, obwol es mehr fraß, als ein halb Dutzend Männer, und während sein Gesicht ganz alt aussah, ward es doch nicht größer. Auch belauschte er es zweimal im Gespräch mit unsichtbaren Wesen und der arme Paddy, tödtlich darüber bekümmert, starb nach ein paar Jahren. Sein Weib überlebte ihn zwanzig Jahre, während welcher Zeit nun auch Patrick, der Sohn, älter, wenn auch nicht viel größer geworden war. Die Jungen liefen immer hinter ihm her, wenn er sich sehen ließ. Seine Augen schielten, sein Haar war schmutzig roth, seine Beine saßen ihm wie Stelzen am Leibe und waren krumm. Er ward allgemein der „Hexenmeister von Crunaan" genannt. Aber obwol nun Alle sich so von diesem Scheusal halb in Furcht, halb in Abscheu abgewandt hatten, so konnte doch die Mutter allein sich nicht von ihm losjagen. Die Thränen kamen ihr jedesmal in die Augen, wenn sie ihn anblickte, und das Herz that ihr weh, wenn sie ihn so herumgehen sah. Fröhliche Stunden hatte sie nicht mehr auf dieser Welt, und endlich starb auch sie, und Patrick war ganz verlassen. Er schweifte stets in den entlegensten Thälern, aus Scheu vor den Menschen und ihrem Gespött; wie ein Schatten bewegte er sich zwischen den Felsen oder spukte, wie ein Gespenst, um den heiligen Brunnen, von welchem er nach und nach alle frommen Besucher verscheucht hatte. Er lebte in vollständiger Verlassenheit und seine einzige Gesellschaft war die Kuh seiner Mutter, was ihm den Beinamen „Paudin-a-Boo" (Patrick mit der Kuh) verschaffte. Es geschah erst spät in seinem Leben, daß er anfing sich mit Hexerei abzugeben; aber er ward rasch sehr berühmt — so berühmt, daß sein Andenken noch heut im südlichen Irland lebt, und daß es eine sprüchwörtlich gewordene Antwort auf irgend eine schwierige Frage ist: „das würde selbst den Hexenmeister von Crunaan in Verlegenheit bringen!" Er kurirte Menschen und Thiere, und wenn sie noch so krank waren; er gab an, wo man verlorene Sachen wiederfinden könne, und wenn sie gestohlen worden waren, so nannte er den Dieb. Aber zwei Menschen gab es in der Nachbarschaft, die seine geschworene Feinde waren: nämlich Mac Shane, der Pfarrer und Richard Mac Guire, mit dem Beinamen „Dick, der Teufel", ein forscher, junger Pächter, der gern trank und des Pfarrers Nichte liebte, den Hexenmeister von Crunaan aber gewaltig haßte, weil er ihm immer seine Kühe verhexte. An diesen Beiden nun wollte sich der Hexenmeister rächen.

Also geschah's ungefähr einen Monat, nachdem der Pfarrer wieder einmal von der Kanzel herunter gegen ihn gedonnert hatte, daß dieser, da er eines Abends in seinem einsam gelegenen Pfarrhause gemächlich am Kamin saß und im Brevier las, das Getrappel nahender Rosse vernahm. Das Herzchen der Nichte pochte lebhaft; denn wer anders konnte das sein, als ihr geliebter liebenswürdiger Teufel, Richard M'Guire? Da rief eine fremde Stimme von unten herauf: „Vater M'Shane! Vater M'Shane!" — Der Pfarrer, der an nichts Böses dachte, antwortete: „Hier hier bin ich!" — eilte hinunter an die Thür, öffnete und . . . . . und war verschwunden! Die Thüre schlug hinter ihm zu, ein lautes Gelächter ließ sich vernehmen, und als seine Nichte hinunterging, da war Nichts mehr zu sehen und zu hören. Nun wußte sie wol, was geschehen. Denn sie glaubte fest an das „gute Volk" und konnte sich's nicht ausreden, daß die Feen Macht über ihren Onkel gewonnen. Denn wer ihnen auf ihr Anrufen antwortet, ehe sie dreimal gerufen, der ist ihnen verfallen.

An demselben Abend ging auch bei Dick Seltsames vor. Seine Kühe waren ihm wieder einmal verhext worden, und ihre Milch wollte keine Butter mehr geben. Deshalb hatte er zu dem in diesem Falle gewöhnlichen Mittel gegriffen. Er hatte die Pflugschaar mit vom Felde heimgebracht und nachdem er sie in ein tüchtiges Torffeuer gelegt, verschloß er die Fensterläden und Thüren und stopfte jede Ritze sorgfältig zu, denn vor allen Dingen muß man bei dieser Operation darauf achten, daß die Hand der Butterhexe ferngehalten werde. Denn einerlei, ob sie von der Milch trinkt, oder nur mit der Fingerspitze hineintippt: durch jede Berührung dauert ihr verderblicher Einfluß auf die Milch fort. Dann wurde das Butterfaß mitten in die Stube gestellt und das Buttern begann. Die Sache ging gut, der Butterstock ward immer schwerer; und auch das Eisen der Pflugschaar war inzwischen rothglühend geworden. Auf einmal hörte man draußen vor dem Küchenfenster eine leise klagende Stimme.

„Wer ist da?" rief Dick der Teufel.

„Ein armes Weib, das um einen Trunk Wasser bittet!" war die wimmernde Antwort.

„Wart' — ich will Dich!" schrie Dick, der die Stimme kannte; „es ist Molly, die Bettel — ich will ihr helfen!"

Man dachte nicht daran, ihr Wasser zu geben, aber draußen ward das Gewinsel immer unerträglicher.

Auf einmal ward es still, und nicht lange darauf kam eine fürchterliche schwarze Katze mit feurigen Augen durch den Kamin heruntergesaust, stieg am Butterfaß empor und fing an, vom Schaume zu lecken. Heida! sprang da Dick auf und mit seinem glühenden Pflugeisen auf die Katze los und schlug sie auf die Hinterbeine, worauf die Katze verschwand und draußen ein grauenhafter Schrei gehört ward.

„Nun will ich sie schon kriegen," sagte Dick und stürzte hinaus. Aber Nichts war zu sehen; nur ferner, immer ferner vernahm er das Stöhnen. Dick ging demselben nach und ging in die Irrwischwiese — und wunderlieblichke Musik umklang ihn. Es war wie das Rauschen festlichen Gedränges um ihn her. Zuerst war er ganz entzückt davon, aber er kam bald zur Vernunft, denn da er um sich fühlte, gewahrte er, daß der ganze Boden mit „Bullegarn-bel" oder Püstrich bedeckt sei, und da dachte er nun wol, daß er unter die Feen gerathen. Er zog daher seinen Rock aus, drehte ihn herum, das Innere nach Außen, zog ihn wieder an, machte das Zeichen des heiligen Kreuzes auf die Stirn, und die Pflugschaar auf der Schulter, schritt er muthig weiter. Indem stieß er an Etwas, das ihm wie ein menschlicher Körper vorkam. Dick kannte keine Furcht und fragte: wer das sei? Es war Molly, die Bettel, welche beim ersten Hahnenschrei ihre menschliche Gestalt wieder hatte annehmen müssen, und hier

Rodenberg, Harfe. 7

liegen geblieben war, da sie — die Beine von der glühenden
Pflugschaar ganz verbrannt — nicht mehr hatte weiter können.
Molly gestand, daß sie vom Hexenmeister gegen ihn ausgesandt
worden sei, aber nun wolle sie ihm, wenn er schweigen könne,
Gelegenheit geben, sich an Paddy mit der Kuh zu rächen. Die
Alte schnitt eine Haselruthe ab und bat Dick, sie nach der Feenschlucht von Crunaan zu tragen, da sie zu verbrannt sei, um
gehen zu können. Als sie zu dem Hügel kamen, da hörte Dick
nun auf einmal wieder die Musik, die ihn vor Kurzem so bezaubert hatte.

„Diese Nacht", sagte Molly, „haben sie da unten ein großes
Fest; und da es bereits nach Mitternacht ist, so haben sie keine
Gewalt mehr über Euch, wenn Ihr Euch nur — so lieb Euch
Eure Freiheit ist! — vorseht, Nichts bei ihnen zu essen, noch zu
trinken. Laßt Euch durch keine Pracht täuschen — es ist Alles
Blendwerk. Nun gebe ich diese Ruthe in Eure Hand. Ein Jeder,
den Ihr da unten seht und mit dieser Ruthe berührt, der ist frei
und kann wieder in die Welt zurück."

Darauf sprach die Hexe die Zauberworte, und auf einmal
flogen sie im Wirbelwind durch Glanz, Pracht und Musik dahin,
und befanden sich zuletzt in einem wunderbar schönen Saal, der
geschmückt mit den prachtvollsten Wandgemälden und voll der lieblichsten Frauen war, die Dick je gesehen. Es wurde ein Contre-
tanz aufgeführt — und wer war es, der mit der Allerschönsten
den Reigen führte? Kein Anderer, als Dick's guter Freund, der
ehrwürdige Vater M'Shane. Paar um Paar walzte vorüber,
und da Dick eine sehr schöne Dame allein stehen sah, so bat er
sie um einen Tanz, der ihm auf's Freundlichste von ihr bewilligt
wurde. Nach dem Tanz wollte er sie auch küssen, aber das litt

sie nicht, und er konnte nicht dazu kommen, so viel Mühe er sich auch gab. Aber köstliche Früchte und funkelnder Wein in Kryställschaalen ward ihm gereicht; er hütete sich jedoch wol, Etwas davon anzunehmen. Worauf sich ihm ein einsames Wesen, das königliche Kleider trug, näherte und ihm zu seiner Rettung Glück wünschte.

„Wer seid Ihr?" sagte Dick.

„Paddy Roach's Sohn — aus der Schlucht von Crunaan" — war die traurige Antwort. „Könnt Ihr mir sagen, ob meine Mutter noch lebt? Ich bin hier zum Erben des Feenkönigs ernannt, aber mein Herz sehnt sich nach der Schlucht von Crunaan!"

„O, wenn's weiter nichts ist — da sollt Ihr bald sein!" sagte mein Dick, und hieb ihm mit seiner Gerte über die Schulter worauf er augenblicklich verschwand. Dann suchte er den Priester und befreite auch diesen, da er eben in zärtlichem Gespräch mit einer anmuthigen Dame begriffen, auf einem köstlichen Divan saß. „Nun mich!" sagte die Here, die ihn hierhergebracht, und er befreite auch sie. „Nun die ganze Feenwirthschaft — sie sollen Alle frei sein . . . ." aber, indem er ausholen wollte, verschwand Alles, und er stand auf der Irrwischwiese, mitten unter dem Püstrich. Da er sehr müde war und auch in der Dunkelheit den Weg nicht finden konnte, so legte er sich nieder und schlief ein. Aber in derselben Nacht ward ein zweijähriges Kind auf dem Düngerhaufen vor der zerfallenen Hütte im Thale von Crunaan gefunden, wo einst die Roach's gewohnt hatten. Eine mildherzige Bauernfamilie nahm es zu sich, aber es starb schon nach wenigen Tagen. Dick ward am Morgen nach jener Nacht von den Bauern noch schlafend im Felde gefunden. Sie lachten und sagten, er sei wol auf dem Wege vom Bierhaus betrunken in's Feld gerathen, daselbst niedergesunken und eingeschlafen. Er aber sagte Nichts, sondern ging zum Vater M'Shane und hielt um die Nichte desselben an, die ihm denn auch nicht verweigert wurde. Von dem Hexenmeister von Crunaan aber hat man nie wieder etwas gesehen noch gehört.

3. Der Banschi-Brunnen.

Die Banschi ist ein gespenstisches weibliches Wesen, welches durch den furchtbaren Schrei, den es Nachts ausstößt, Unglück verkündet. Wer die Banschi hört, kann sich darauf gefaßt machen, daß bald der Tod bei ihm oder einem theuern Mitglied seiner Familie anklopfen wird. Von der Banschi wird folgende Geschichte erzählt, die sich nicht weit von den Leinster-Bergen am Abhange des Slieve-Blum zugetragen. Auf der rechten Seite des kleinen Feldweges nämlich, welcher von der berühmten Monela-Bay zu dem nördlichen Abhange jener Gebirgsreihe führt, steht ein verlassener Edelsitz, dessen Eigenthümer, mit Namen Fitzpatrick, vor einigen dreißig Jahren in London verstorben ist.

Die Fitzpatrick's von Offory, denen dieser Mann entsprossen, und die Ormond's von Killenny waren Jahrhunderte lang Todtfeinde. Da geschah es vor vielen hundert Jahren, daß Offory von den Ormond's überfallen ward und der Erbe des Hauses Fitzpatrick in das größte Elend gerieth und gezwungen ward, im Schloß O'More's, des Häuptlings von Leix, Schutz zu suchen. O'More hatte eine sehr schöne Tochter, in die sich Fitzpatrick verliebte; und so schlecht vergalt er seinem Wohlthäter die Gastfreundschaft, daß er die schöne Tochter desselben betrog. Da sich nun Beide vor dem Zorne des Vaters fürchteten, so beschlossen sie zu fliehen und verabredeten, daß sie sich um die Mitternacht an einem einsamen Brunnen, nicht weit vom Schlosse, treffen wollten. Das arme Fräulein erschien und Fitzpatrick erstach sie und warf sie in den einsamen Brunnen. Der Vater, welcher von solchem Verrath nichts ahnte, klagte um den Tod seiner Tochter und nicht lange darauf gelang es ihm, Fitzpatrick wieder in seine väterlichen Besitzungen zurückzuführen, wo sich dieser nun bald verheirathete und eine zahlreiche Nachkommenschaft gewann. So waren zwanzig Jahre vergangen und der alte O'More war gestorben. Da gerieth Fitzpatrick in einen Krieg mit dem Sohne O'More's, er zog in's Feld, und das Schicksal wollte es, daß er eines Nachts dicht neben dem Brunnen lagerte, wo er vor zwanzig Jahren seine Geliebte ermordet. Als er sich nun, wie von unsichtbarer Hand unwiderstehlich geleitet, dem Brunnen näherte, da sah er sie dasitzen; in dem weißen Kleide, das er wol kannte, in dem er sie oft gesehen, in dem er sie oft geküßt, in dem er sie dazumal erstochen, saß sie unter dem Baum, welcher seine dunklen Zweige traurig über den Brunnen breitet. Sie rang ihre weißen Hände und sah unsäglich betrübt aus. Und in dem Augenblick, wo er sie wahrnahm, stieß sie einen furchtbaren Schrei aus. Als er nun mit schwankenden Knieen sich ihr näherte, erneute sie den Schrei, und er war noch furchtbarer und herzzerreißender als der erste. Von Angst und Entsetzen übermannt, sank er auf die Erde nieder; doch als er mit bebender Lippe „Gnade! Verzeihung!" stammelte, da gab die Erscheinung den dritten Schrei von sich, den fürchterlichsten, den Fitzpatrick je gehört, und wie ein Schatten im Mond schwand sie dahin — das Thal hinunter, und ihr Geschrei hallte lange noch aus der Ferne zurück. Und noch war es nicht verklungen, als auf einmal

Schlachtruf und Sporengeklirr sich hören ließ. Der junge O'More, der Herr von Leix, hatte einen nächtlichen Ueberfall auf das Lager seiner Feinde gemacht; Verwirrung und Flucht herrschte überall und bei der Verfolgung der zersprengten Schaaren traf O'More auf Fitzpatrick, welcher noch in dumpfer Verzweiflung fast besinnungslos am Boden lag. Der Kampf war kurz, Fitzpatrick fiel. „Junger O'More!" sagte er, kurz bevor er seinen letzten Athem aushauchte — „ich habe Deine Schwester gesehen! Sie tauchte aus diesem Brunnen empor — sie ging dort hinunter in den Mondenschein — junger O'More, ich bin der Mörder Deiner Schwester. Ich habe sie in diesem Brunnen versenkt — ich gehe jetzt hinunter, dort in den Mondenschein...."

Er sprach Nichts mehr; er war todt. O'More ließ den Brunnen durchsuchen; es fand sich keine Spur von seiner gemordeten Schwester mehr darin, aber von dieser Zeit an ward der Schrei der Banschi immer gehört, wenn ein Abkömmling der Fitzpatrick's sterben sollte. Ob ein Fitzpatrick nun im Frieden oder im Kriege, daheim oder in der Ferne starb: Jahrhunderte lang ward die Banschi gehört; und bis auf diesen Tag heißt jener Brunnen der Banschi-Brunnen.

Um die Mitte des vorigen Jahrhunderts nun wurden die Fitzpatrick's aus Ossory vertrieben und siedelten sich in O'More's Land an, wo sie den Edelsitz bauten, der heut noch als Ruine zu sehen ist. Fitzpatrick war protestantisch geworden, und glaubte nicht an Märchen, Gespenster und Banschi's. Der Brunnen war nicht drei Minuten weit von seinem Hause; man sollte ihn nur rufen, sagte er, wenn sich die Banschi einmal dort hören ließe. Jahre vergingen; keine Banschi ließ sich hören. Da ward seine Lieblingstochter plötzlich schwer krank; und er mußte noch in der

Nacht fort, um einen Doctor zu holen. Als er heimkehrte, hörte er einen traurigen, dumpfen Schrei von dem Brunnen herauf. Er spannte seine Pistolen und ging zu den Brunnen. Da sah er auf der Bank unter dem Baume eine weibliche Gestalt sitzen, die in Weiß gekleidet war, und einen herzbrechend traurigen Schrei ausstieß, als er nahte. „Wenn du nicht augenblicklich mir sagst, wer du bist," rief er, „so gebe ich Feuer!" Die weiße Gestalt schwieg, und Fitzpatrick gab Feuer. Da aber durchgellte ein Aufschrei, so übernatürlich stark, so entsetzlich, die Luft, daß ihm das Blut fast in den Adern gerann, und als er sich umwandte zu fliehen, da kreuzte die Gestalt der Banschi, ganz mit Blut bedeckt, seinen Weg, und indem er dahineilte, huschte sie noch mehrmals dicht bei ihm vorüber. Als er sein Haus erreicht hatte, stürzte er in das Zimmer, in welchem seine Tochter lag; und als er eintrat, rief das kranke Mädchen aus: „Siehst du, o siehst du das schöne Fräulein, ganz mit Blut bedeckt?" „Wo, o wo?" rief der Mann. „Im Fenster — dort..." antwortete die Kranke — „o... nein! sie ist verschwunden."

Am andern Tag um 12 Uhr starb das Mädchen. Im Zwielicht, als der Vater traurig in seinem Garten ging, da hörte er ein Geräusch, als fahre ein Wagen vorüber, und als er über die Hecke sah, erblickte er sechs schwarze Pferde ohne Kopf, einen Fuhrmann ohne Kopf, der sie trieb, und einen Leichenwagen, den sie zogen, und der nun vor dem Gartenthor hielt. Ein Sarg ward herabgetragen, auf den Wagen gestellt, und in diesem Augenblick erschien auch die blutige Gestalt der Banschi, setzte sich auf das Leichentuch und der Wagen rollte dumpf weiter. Am andern Tage starb sein anderes Kind, und er konnte keinen Abend nach Dunkelwerden ausgehn, ohne daß ihm die schreckliche Banschi begegnete. Sie kreuzte seinen Weg, mochte er nun reiten, gehen, oder fahren; mochte er allein sein oder in Gesellschaft. Der arme Mann mußte seinen heimischen Boden verlassen, und ging nach England hinüber, wo er bald starb. Mit der Zeit ward die Banschi nicht mehr gehört. Aber vor etwa vierzig Jahren, da kam einer von den Söhnen dieses Fitzpatrick nach Irland zurück und beabsichtigte, sich in dem verlassenen Hause seines Vaters wieder anzusiedeln. Aber in der ersten Nacht, die er sich darin aufhielt, umkreiste die Banschi das Haus mit schaurigem Gekreisch und kam jede Nacht wieder, bis der entsetzte Einwohner geflohen war, um nie wieder zu kehren. Seit jener Zeit steht das Haus leer und verfallen, auf der rechten Seite des kleinen Feldweges, welcher von der berühmten Monela-Bey zu den nördlichen Abhängen des Slieve-Blum-Gebirges führt.

---

4. Zwei Geschichten vom Luprechaun, dem Feenschuster.

Die erste Geschichte.

Mary war das Kind einer ehrbaren Bauernfamilie. Eines Morgens, als sie durch einen langen, engen Feldweg zur Schule ging, sah sie vor sich einen Mann gehen, der eigentlich kein Mann war, er war so klein! Er hatte einen dreieckigen Hut auf und trug ein wunderliches Ding auf seinem Rücken, das wie der Stuhl eines Schuhflickers aussah und auf dem einen Ende einen Platz für Wachs, Pfrieme, Zange und alle sonstigen Werkzeuge hatte. Zuerst hielt ihn Mary für einen „Baccach", das heißt einen von jenen zwerghaften Krüppeln, die im Besitz vieler wichtigen medicinischen Geheimnisse als Aerzte und Zauberer die irischen Märkte und „Patterns" (Kirmessen) bereisen. Aber da Mary keine Krücke sah und der Fuß des Männleins so natürlich, wie der eines jeden andern Menschen erschien, so dachte sie, er müßte zu dem Feenvolk gehören und fürchtete sich und lief weg. Als sie zu Hause ankam, sagte ihre Mutter, daß es der Luprechaun, der Feenschuster, gewesen sei; und wenn sie ihn gefangen und ihr Auge nicht von ihm verwandt haben würde, so hätte er ihr erzählen müssen, wo sie einen Topf voll Geld finden könnte. Mary sagte, das nächste

Mal wolle sie es thun — aber alle Tage fängt man keinen Märzhasen und Mary wurde ein großes Mädchen, ohne daß sie einen Luprechaun wieder sah. Dann ging sie in den Dienst und bekam einen Schatz, mit dem sie gewöhnlich an dem wilden „Dun" (altirischer Festungshügel — beliebter Aufenthalt der Feen), nahe bei des Meisters Haus zusammentraf.

Da geschah es nun, daß eines Abends im Mai Mary unter einem Baum am Dun saß. Ihr Schatz blieb lange aus und sie war des Wartens fast schon müde, als sie auf einmal — poch, poch, poch — Etwas hörte, als ob ein Schuhmacher hämmere. Zuerst erschrack sie sehr; aber dann faßte sie Muth, erhob sich, kroch leise um den Baum herum, der hinter ihr stand, und wen sah sie da?.... Keinen Andern, als ihren Freund, den kleinen Luprechaun. Rasch stürzte sie auf ihn los und packte ihn so plötzlich und fest am Nacken, daß ihm die Pfeife aus dem Munde fiel.

„Gib mir Geld!" schrie Mary.

„Ich will Dir Geld geben", sagte der Luprechaun, an Händen und Füßen zappelnd, „ich will Dir Geld geben, wenn Du mit mir über jenes Zaunbrett gehen willst — aber bitte, bitte — erwürg' mich nicht!" Mary sagte, sie wolle ihm folgen, und ließ ihn gehen; aber sie verwandte kein Auge von ihm, obwol er allerlei Listen gebrauchte, um ihren Blick von sich abzulenken. Er ging zuerst in dies Feld und dann in das Feld und dann in ein anderes. Aber da er sich endlich überzeugte, daß hier an Entwischen nicht zu denken sei, so stampfte er mit seinem Fuß auf den Boden und sagte: „hier ist Geld vergraben. Hast Du eine Schaufel bei Dir?"

„Nein!" sagte Mary.

„Dann geh nach Haus", sagte der Luprechaun, „und hole Dir eine; und wenn Du wieder zurückkommst, so grabe die Erde an diesem Platz auf und Du wirst Geldes die schwere Menge finden."

„Aber wie soll ich diesen Platz wieder erkennen?" fragte Mary.

„Ach, wenn's weiter Nichts ist!" entgegnete der Luprechaun; „hier nehme ich meine Pfrieme und stecke sie in den Erdboden...." und ehe er noch ausgesprochen hatte, schoß eine dicke Distel empor, dergleichen nie zuvor in Irland gesehen worden war. Mary dachte nun, das sei sicher genug, ließ den Kleinen gehn und lief selber nach Haus, um die Schaufel zu holen. Unterwegs begegnete sie ihrem Schatz, der ungeduldig am Dun auf sie gewartet hatte.

„Wohin, wohin?" rief er, als sie vorbei laufen wollte.

„Ach, Du bist es?" entgegnete sie außer Athem — „ach, Paddy.... jetzt können wir heirathen — jetzt sind wir reich — jetzt haben wir Geld — jetzt — — komm, Paddy, komm....!" —

Und ohne zu wissen, wie ihm geschah, zog sie ihn mit sich zum Pfarrer und ließ sich mit ihm trauen. Als Pater Lucas seine Hand nach einer kleinen Belohnung für seine Mühe ausstreckte, da rief Mary: „Ihr sollt genug haben, Sir, aber erst gebt mir eine Schaufel — und nun kommt mit mir — o Paddy, Paddy.... was für ein reicher Mann bist Du!"

Eine große Menge Menschen folgte den Neuvermählten in's Feld; aber als sie — Mary mit der Schaufel voran — es erreicht hatten, da waren anstatt der einen Distel wol zwanzigtausend da — das ganze Feld über und über war mit blühenden Disteln bedeckt. Ach — schrie Mary da auf! Die Anderen aber liefen, was sie konnten, nach Hause, holten Schaufel und Hacke und fingen an zu graben, und gruben die ganze Nacht fort; aber es war durch die Disteln kein Durchkommens. Schreckliche Disteln waren das; und ehe Mary die sonderbare Geschichte mit dem Luprechaun gehabt hatte, waren solche Disteln auch in ganz Irland niemals gesehen worden. — Aber Mary und ihr Schatz waren nun einmal verheirathet und das ließ sich nicht mehr ungeschehen machen. Denn wenn die Ehe auch ein Knoten ist, den man mit der Zunge bindet, so kann man ihn doch hernach selbst mit den Zähnen nicht wieder lösen, sagt ein irisches Sprichwort. Die Beiden ließen sich's also sauer werden, bekamen ein Haus voller Kinder und brachten sich ehrlich durch. — Als nun im Laufe der Jahre einer der Söhne so alt geworden war, daß er unter die Soldaten mußte, da war nun freilich große Noth vorhanden. Denn soviel Geld, um einen Stellvertreter kaufen zu können, hatten doch die guten Leute nicht. Also ging denn eines Tages die arme Mutter zum Tod betrübt aus der Hütte; sie ging ganz allein und Keiner mit ihr, den Strumpf unter dem Arm und das Kameelgarn vor sich in der Schürze und so strickte sie darauf los und war sehr traurig. Sie ging zu dem alten Dun, wo sie einst in jungen Jahren so viel gesessen, und setzte sich wieder an dieselbe Stelle unter den Baum. Und auf einmal hörte sie wieder den alten bekannten Hammerschlag — poch, poch, poch — und rasch war sie auf den Beinen, ließ das Strickzeug fallen, und da sie die Sträuche und Zweige sachte zurückbog, sah sie den kleinen Schuhmacher hart an der Arbeit — den dreieckigen Hut auf, die silbernen Schnallen an den Schuhen, und es schien ihm ganz wol und vergnüglich zu gehn. „Nun", dachte Mary, „will ich Geld von Dir bekommen, um meinen Sohn von den Soldaten loszulaufen — diesmal sollst Du mir nicht wieder entwischen, Du kleines Ding, Du —" und ehe er sich's versah, hatte sie ihn auch schon am Wickel und ob er nun auch mit Aermchen und Beinchen strampelte — Mary ließ ihn nicht los.

„Komm in's Feld", sagte er endlich, „ich will Dir zeigen, wo das Geld liegt!"

Aber „Nein!" sagte Mary — „ich will keine Disteln mehr haben. Gib mir Geld, sag' ich Dir! Mein Sohn ist gezogen worden, und ich muß Geld haben!"

„O, wenn das der Fall ist", sagte der Luprechaun, „hier ist eine Börse, die von ihrem köstlichen Inhalt nie leer wird, bis Du sagst: verwünschte Börse! Also nimm Dich in Acht, das Wort zu sagen," und damit gab er ihr eine kostbare Börse, ganz voll Geld. Mary, von dem Geklingel ganz entzückt, ließ den kleinen Burschen gehn, der ihren Blicken alsobald entschwand, und eilte selig nach Haus. Aber was denkt Ihr, was in der Börse war? . . . . Ziegendreck war darin! „Verwünschte Börse!" schrie Mary, und augenblicklich ward sie leer und Nichts von dem „köstlichen Inhalt" mehr war darin zu sehen. Die Börse aber ward dem Lord von Wicklow als eine Curiosität gegeben, und er soll sie bis auf den heutigen Tag noch bewahren. —

Die zweite Geschichte.

Da gibt es nun aber auch einen Andern, dem es mit dem Luprechaun besser erging, oder noch schlechter — wie man will. Das war nämlich Kavanagh, ein fleißiger Bursch, der mit seiner

Mutter gleichfalls in den Wiclow-Bergen lebte. Er hielt seine kleine Farm so schmuck und nett, daß es eine Lust und ein Vergnügen war, sie zu sehen; es ging ihm sehr wol und gut, und er hätte Nichts weiter nöthig gehabt. Aber doch ereignete es sich, daß er eines Abends hinter einem Heuhaufen einen Luprechaun fing und Geld von ihm verlangte.

„Bist Du denn den Pachtzins schuldig?" fragte der Luprechaun.

„O nein, Gott sei Dank!" erwiderte Kavanagh, „ich bin keinem Menschen auf der ganzen Welt Etwas schuldig."

„Sehr wol", sagte der Luprechaun, „und ich will wetten, daß ein arbeitsamer Bursch, wie Du, Geld in der Erde vergraben oder gar welches in der Tasche bei sich hat."

„Etwas", sagte Kavanagh sehr trocken.

„Und wozu willst Du noch mehr, junger Mann?"

„Ei", sagte dieser, „ich will es haben und ich muß es haben; wenn ich reich bin, werde ich nicht mehr arbeiten, sondern spazieren reiten, wie ein großer Mann."

„Aber bist Du nicht so schon sehr glücklich?"

„Ja, ich bin es; aber ich werde dann noch viel glücklicher sein. Und nun mach's kurz — gieb Geld heraus, oder ich werde Dich in Stücke hau'n, nicht größer, als Dein Pfeifenstopfer."

Das half! — Der Luprechaun band seine Schürze ab, zog eine Börse aus der rechten Hosentasche und gab sie Kavanagh. Dieser griff rasch nach ihr, untersuchte den Inhalt und da er fand, daß es lauter blanke Goldstücke und kein Ziegenbreck war, so gab er den Luprechaun frei und steckte die Börse ein. Aber mit der Arbeit war es nun ein- für allemal aus; und anstatt mit seiner Mutter zu säen und zu ernten, ging er auf die Tanzböden, auf

Hurling-Partieen (eine Art von nationalem Ballspiel), Hahnenkämpfe und Kirmsen. Jedermann nannte ihn einen guten Kerl, denn er warf Geld um sich, wie Heu. Zuletzt ward er ein „United Irishman" (es war dazumal nämlich vor der Rebellion), und ehe noch ein Mann von den englischen Truppen in Irland gelandet war, hatte es Kavanagh schon bis zum Capitain gebracht. Er versäumte keine Zusammenkunft und ließ es sich so viel Geld kosten, daß ihn die eigene Partei in Verdacht hatte, er sei ein englischer Spion, und ihn von den Versammlungen ausschloß und nicht mehr zuließ. Das war sehr Unrecht; denn er war so treu-grün (Farbe der irischen Revolutionspartei von 1798), wie nur ein Mensch es sein konnte. Doch war das noch nicht sein einziges Unglück. Er ward von der Polizei aufgebracht; sie wollte wissen, woher er sein Geld hätte, und da er's nicht sagen wollte, so warf man ihn in's Gefängniß, weil man annahm, er müsse es gestohlen haben. Erst auf Verwendung einer hohen Person ließ man ihn wieder frei.

Als die Rebellion ausbrach, da nahm Kavanagh seine Pike auf die Schulter und zog gegen die Königlichen; aber in der fürchterlichen Schlacht von Vinegar-Hill, wo die Rebellen von den Engländern so grausam geschlagen wurden, machten die Rothröcke Kavanagh zum Gefangenen. Er zog seine Börse heraus, um sie zu tractiren, aber ein Tambour riß sie ihm aus der Hand und lief mit derselben weg. Sein Leben jedoch ward ihm geschenkt und traurig und sorgenvoll wandte er sich heimwärts und wünschte bei sich, daß er in seinem Leben keinen Luprechaun gesehen hätte. Als er zu Ferns ankam, das nicht weit vom Leinster-Gebirge liegt, da versteckte er sich im alten Schloß, aus Furcht vor den königlichen Truppen, die in den Straßen paradirten.

Während er nun zusammengekauert dalag, da hörte er Etwas hämmern, als wenn's ein Schuhmacher wäre; und indem er vorsichtig zu einer engen Höhle kroch, die bis auf ein schwaches Licht, das darinnen brannte, pechfinster war — wen anders sah er da, als seinen kleinen Freund, den Luprechaun? Und als er genauer hinblickte, da sah er, daß derselbe die Schuhe des Tambours flickte, welcher mit seiner Börse davon gelaufen war. Dieser saß ganz vergnüglich neben dem Schuhmacher auf der Erde und schmauchte sein Pfeifchen. Als der Flicken aufgesetzt war, da zog der Trommelschläger seine Börse heraus und warf sie, nachdem er das darin liegende Geld herausgenommen hatte, dem Luprechaun zu. Er kannte offenbar den Werth der Börse nicht; aber der Schuhflicker war weiser, steckte sie rasch in seine rechte Hosentasche und begann dann wieder zu hämmern, als sei Nichts geschehen. Doch kaum hatte sich der Tambour entfernt, so stürzte auch Kavanagh aus seinem Versteck hervor und auf den Luprechaun zu.

„Guten Morgen, mein Herr Luprechaun", rief er, „gieb mir meine Börse wieder!"

„Wie komm ich zu Deiner Börse?" entgegnete dieser, anscheinend sehr erstaunt.

„Wart' — ich will Dich lügen lehren", sagte Kavanagh, das Auge immer fest auf den Luprechaun geheftet, „giebst Du mir nicht auf der Stelle die Börse heraus, die Du eben in Deine rechte Hosentasche gesteckt hast, so ...."

„O, ach", schrie da auf einmal der Luprechaun — „o, ach! Sieh die Soldaten!"

„Um Gotteswillen — wo?" kreischte Kavanagh und sah sich, zum Tod erschreckt, um. Aber da war kein Soldat zu sehen; und als er sich beruhigt hatte und wieder nach dem Luprechaun umdrehen wollte, da war dieser verschwunden; und als Kavanagh aus seinem Verließ herauskroch, um doch endlich nach Haus zu kommen, da fingen ihn die Orange-Männer (Orange ist seit William III., dem Oranier, die Farbe der englisch gesinnten Protestanten in Irland) und hatten nicht zum zweitenmal Mitleid mit ihm, sondern hängten ihn an dem nächsten Baum auf. —

5. Die schwarzbraune Kuh.

Schemus-a-Sneidh, der kleine Jacob, war ein armer Junge, der mit seiner Mutter in einer Hütte auf dem Slieve-duin, in der Grafschaft Cavan lebte. Sie lebten mit Ach und mit Krach, so gut es eben ging, hatten ein Fleckchen Erde, auf welchem sie Kartoffeln bauten, und eine kleine, schwarzbraune Kuh, die ihnen den Tropfen Milch dazu gab. Schemus mußte die Kuh hüten; und während sie zahm und fromm an den Berghängen weidete, schnitt er Haide ab und band Besen daraus, die seine Mutter verkaufte, um für den Erlös etwas Salz und etwas Taback aus der Stadt mitzubringen. Eines Tages nun ging Schemus etwas weiter in's Gebirge hinauf, als er sonst zu thun pflegte; und die Kuh ging immer hinter ihm her. Da, als er müde vom Steigen war und auch schon genug Haide geschnitten hatte, legte er sich in's Gras nieder, um zu schlafen. Doch kaum, daß er das Auge geschlossen hatte, da kamen auch schon hundert Ganconners (Feen) und tanzten um ihn herum und spielten Fußball und „Hurley" (ein Lieblingsspiel der irischen Bauern, bei welchem Sieg und Gewinn der Partei zufällt, welcher es im Kampfe mit der andern gelingt, einen in der Mitte liegenden Ball mit einem Schlagholz, dem sg. Hurley auf ihre Seite hinüberzuschleudern). Da war nun namentlich Einer unter ihnen, mit

einer rothen Kappe; der machte seine Sache gar zu gut, und
war so flink und so geschickt, daß Schenius nicht an sich halten
konnte und ausrief: „Bravo, mein Hurler, bravo!" Aber nicht
so bald war das Wort aus seinem Mund heraus, als — klapp! —
der Ball in sein Auge flog, daß die Funken herausschlugen. Der
arme Junge meinte nun fest, er sei blind; und lange genug
dauerte es auch, bis er wieder Etwas sehen konnte . . . . . zuerst
den Himmel, und dann die Sonne, und dann die Berge, und
die Haide — aber die Ganconners waren weg und seine Kuh
war auch weg. Er suchte den ganzen Tag auf dem Gebirge
herum, bis es Abend war; aber er konnte sie nicht finden.
Traurig ging er nach Hause und seine arme alte Mutter fing
laut an zu weinen, als er sagte, er habe die Kuh verloren.
Darauf erzählte er ihr Alles, was ihm passirt sei; daß er nämlich die Ganconners gesehen habe und darauf schwören wolle, sie
hätten ihm die Kuh gestohlen.

Am andern Morgen gingen sie Beide zusammen auf die Berge,
um die Kuh noch einmal zu suchen. Sie waren noch nicht weit gegangen, als auf einmal Schenius „Mutter!" schrie, „Mutter, hier
ist die Kuh! komm, komm!" Richtig — das war die Kuh. Sie war
bis über den Kopf in's Moor versunken; nur die Hörner standen
noch aus dem Loch hervor. Nun riefen die Beiden das ganze Dorf
zusammen und Alle faßten zu und nach einer halben Stunde hatten
sie die schwarzbraune Kuh an den Hörnern herausgezogen. Aber
die schwarzbraune Kuh war todt und sie mußten sie nach Hause
schleppen. Schemus und seine Mutter zogen ihr das Fell ab
und hängten ihr Fleisch in den Rauchfang. Zwar schüttelten die
Bauern im Dorf ihren Kopf dazu, daß sie das Fleisch von einem
Thiere essen wollten, welches gestorben sei, ohne geblutet zu haben;

aber Schemus und seine Mutter waren viel zu arm, um sich daran zu kehren. Sie kochten es also und wollten es essen; aber da war es so zäh wie Leder und so schwarz wie Torf. Und als sie es den Hunden vorwarfen, da wollten die nicht einmal daran riechen. So mußten sie es denn in den Graben werfen, wo es verfaulte. — Ach, was war da der arme Schemus so traurig! Er mußte nun noch einmal so viel arbeiten, als sonst, und früh und spät auf den Bergen sein, um Haide zu schneiden. Da, als er eines Tages bei dem Carn (heidnischer Grabhügel, in welchem nun die Feen wohnen) vorbeiging, da sah er.... seine schwarzbraune Kuh und zwei kleine Rothmützen, die sie hüteten.

„Hallo!" rief er, „das ist meiner Mutter ihre schwarzbraune Kuh."

„Nein, es ist unsere schwarzbraune Kuh!" rief einer von den kleinen Burschen.

„Aber ich sage Euch, sie gehört uns!" schrie Schemus, und packte die Kuh bei den Hörnern. Indem fingen die Ganconners an, die Kuh zu jagen, sie setzte vom Abhang des Berges hinunter, und Schemus, der inzwischen auf sie gesprungen war, mußte mit. Nun liegt hier unter dem Abhang des Berges ein kleiner See, mit Namen Lough Liagh, der Doctoren-See, so genannt, weil er viele im höchsten Grade heilkräftige Eigenschaften besitzt, und auf seinen Grund eine Art von schwarzen Schlamm absondert, welcher mit einem Stocke herauf geholt und auf die kranken Glieder gelegt, schon viele wunderbare Kuren verrichtet haben soll. In diesen See sprang die Kuh von Oben hinein, das Wasser schloß sich über ihr und über Schemus, der auf ihrem Rücken saß, und Schemus dachte, nun sei Alles aus. Aber ehe er noch recht zu sich selber kommen konnte, siehe! — da befand er sich vor einem herrlichen Palaste, der ganz aus Edelstein und Gold gebaut war. Aber Schemus ließ die Hörner seiner Kuh nicht los. Da öffneten sich die Thüren des Palastes und schöne Damen und Herren kamen heraus.

„Was will dieser Junge?" fragte Einer von der Gesellschaft, der anscheinend der Herr von Allen war.

„Meiner Mutter ihre schwarzbraune Kuh will ich wieder haben!" sagte Schemus, der nicht los ließ.

„Das ist Deiner Mutter ihre schwarzbraune Kuh nicht!" sagte der Herr.

„Werde ich meiner Mutter ihre schwarzbraune Kuh nicht kennen?" erwiderte Schemus.

„Wo hast Du sie verloren?" fragte der Herr; worauf Schemus ihm einen genauen Bericht darüber abstattete.

„Ich glaube, Du hast Recht, mein Junge!" sagte der Herr. „Hier, nimm diese Börse — es ist mehr darin, als zwanzig Kühe werth sind." Und dabei reichte er dem Jungen eine gefüllte Geldbörse hin, dieser aber war klüger und sagte:

„Nein, ich will meine Kuh haben und weiter Nichts!"

„Du bist ein Narr," sagte der Herr. „Aber weißt Du was? Bleib hier bei uns im Schloß."

„Nein," sagte Schemus, „ich will lieber in der Hütte meiner Mutter leben."

„Hier kannst Du durch Gärten voll köstlicher Früchte und Blumen wandeln..."

„Ich will lieber Haide auf den Bergen schneiden," sagte Schemus.

„Hier kannst Du das Beste essen und trinken...."

„Gebt mir meine Kuh wieder!" sagte Schemus; „Milch und Kartoffeln sind mein Leibgericht."

„O!" riefen die Damen und drängten sich um ihn herum, „o, Du willst uns doch die Kuh nicht wegnehmen, die uns die Milch zu unsrem Thee gibt?"

„O," sagte Schemus, „meine Mutter hat auch Milch nöthig, — und kurz und gut, ich will meine Kuh wieder haben!"

Da kamen sie noch einmal und reichten ihm einen Scheffel voll Gold; aber er sagte, er wollte Nichts haben, als seine Kuh. Da stießen sie ihn mit Füßen und schlugen ihn grün und blau; aber er ließ die Hörner seiner Kuh nicht los und auf einmal kam ein Wind, blies ihn in die Höhe, und wie er sich umsah, stand er am Ufer des Sees, dessen Wasser ruhig wie immer lag, und neben ihm stand seine Kuh. Er freute sich über die Maßen, und besonders wenn er daran dachte, wie seine Mutter sich freuen würde. Er trieb die Kuh also heim, und die Mutter stand gerade vor der Thür, als sie kamen.

„Gott segne Deine Kuh!" rief sie in voller Freude, als sie die Kuh erblickte; aber kaum hatte sie das Wort „Gott" gesprochen, da sank die Kuh zusammen, wie Torfasche — und das war das Ende von Schemus-a-Sneidh's schwarzbrauner Kuh.

6. Das Land der ewigen Jugend.

Vor alten Zeiten, als Irland noch groß und herrlich und glücklich war, als die schönen Schlösser noch standen, in denen seine Könige und Ritter, die Finians, wohnten, und die Harfen noch klangen, die nunmehr still und stumm geworden sind: da lebte ein hochberühmter Barde, der seines Gleichen nicht hatte, noch haben wird, bis an der Welt Ende. Sein Name war Oisin. Er war der Sohn des Riesen Fin Mac Cul, und sein Sohn, ein ritterlicher, tapferer Jüngling, hieß Osgur. Lange lebten sie in Glück und Freude, geliebt vom großen König, der zu Tara wohnte, geehrt vom irischen Volke, und Oisin's Gesang und Harfenspiel waren der Stolz und Ruhm der grünen Insel. Da aber entstanden einmal Zank und Hader zwischen dem großen König und seinen Rittern; es kam zu einer fürchterlichen und blutigen Schlacht, in welcher — an einem Tage — die ganzen Ritter von Irland erschlagen wurden. Oisin war allein übrig geblieben; und nachdem er an der Leiche seines Sohnes die Todtenklage gesungen, in welche die Raben und Adler, die das Schlachtfeld umschwirrten, kreischend einstimmten, da machte er sich auf in seiner Trauer und wanderte in die entfernten Haiden seines Landes, in dem er nun so einsam und verlassen war. So kam er auch an den Rand der

Seen von Killarney; und eines Tages, als er am Lough Leane ein Rehkalb verfolgte, das aus dem Dickicht gebrochen war, da erschien ihm plötzlich in einiger Entfernung eine edle weiße Stute, mit einer Reiterin darauf.

Betroffen blieb Oisin stehen; er glaubte, es sei nur eine Erscheinung, wie sie ihm oftmals vorgeschwebt war, wenn er früher an der Harfe saß, um zu singen. Aber die Reiterin auf der weißen Stute näherte sich, und Oisin sah nun wol, daß es eine Jungfrau von außerordentlicher Schönheit sei mit goldnem Haar und sanftblauen Augen, in goldgestickte Gewänder von kostbarer Seide gehüllt. Sie redete den ritterlichen Sänger an und sagte ihm, daß sie Niamh mit dem goldenen Haar sei, die Tochter Cailce's, des Glanzreichen, des Königs in Tir-na-n'Og, dem Land der ewigen Jugend. Sie sei gekommen, sagte sie weiter, um ihre Hand dem Sänger Oisin anzutragen, unter der Bedingung, daß er zu ihr auf's Roß steige und mit ihr in ihr Königreich, in das Land der ewigen Jugend reite. Da solle er von ihr geliebt werden und herrlich sein wie sie; und Krankheit und Tod sollten keine Gewalt haben über ihn. Oisin bestieg ohne Zaudern das weiße Roß und Beide reisten über das große Meer, bis sie zu einer gewaltigen Stadt kamen, woselbst ein fürchterlicher Riese herrschte, der vor einiger Zeit die Tochter des Königs von Tir-na-m-Beo, dem Lande des Lebens, geraubt hatte. Oisin nun tödtete den verruchten Riesen, und nachdem er die Hauptstadt vom Lande der ewigen Jugend, das im Meere gegen Westen liegt, erreicht hatte, heirathete er die Jungfrau mit dem goldenen Haar. Und herrlich und paradiesisch war das Leben und das Land, in welchem Oisin nun wohnte; und er blieb daselbst dreihundert Jahre.

Inzwischen hatte auch Niamh mit dem goldenen Haar dem
Sänger Oisin zwei Söhne und eine wunderschöne Tochter geboren; aber da erwachte die Sehnsucht in ihm, seine alten Freunde,
die nebst ihm die große Schlacht überlebt hatten, noch einmal
wieder zu sehen und ein letztes Lebewol von ihnen zu nehmen.
Er glaubte, es seien nur wenige Jahre seit seinem Abschied von
Irland vergangen, so vollkommen war sein Glück gewesen. Sein
Weib gab sich zwar alle Mühe, ihn von seinem Entschluß abzu-
bringen, aber umsonst. Zuletzt mußte sie ihm seinen Wunsch be-
willigen, ließ sich jedoch zuvor das Versprechen von ihm geben,
daß er nicht von dem weißen Roß herabsteigen wolle, sonst würde
er auf ewig von ihr getrennt sein und dürfe nie wieder in's Land
der ewigen Jugend zurückkehren. Darauf bestieg er die weiße
Stute und ritt über das große Meer nach Irland zurück. Er besuchte alle die Plätze, auf denen er einst mit den Rittern zusammen-
gewesen, aber nicht eines mehr von den bekannten Gesichtern war
zu erblicken. Die Riesengräber und großen Festungshügel waren
alle zerstört, und die einzige Antwort, wenn er nach den Rittern
von Irland fragte, war, daß solche Leute einst wol gewesen, aber
daß sie nunmehr gestorben seien, seit Jahrhunderten. Zuletzt
hatte er Gleann-an-smoil, das Drosselthal, erreicht, eine Schlucht,
sechs Meilen von Dublin, am Fuße des finstern, hohen Cippure-
Berges, wo der Dodderfluß entspringt, und das Oisin wol kannte,
weil einst die Ritter von Irland, die Finians, hier gerne geweilt.
Hier sah er eine Anzahl von Leuten, welche sich bemühten, einen
großen Granitblock aufzurichten. Einer von den Aufsehern bat
ihn, seinen Arbeitern helfen zu wollen; Oisin willigte ein, und
indem er sich auf die eine Seite neigte, faßte er den Stein und
rückte ihn auf die gehörige Stelle. Dabei jedoch sollte sich's un-

glücklicherweise ereignen, daß sein Fuß die Erde berührte. In diesem Augenblick flog die weiße Stute dahin und verschwand im blauen Dufte der Ferne; Oisin aber war ein schwacher, hülfloser, blinder alter Mann.

7. Der Onkel aus der Feenwelt.

Nicht weit von Killarney lebte eine arme Wittwe, die sehr viele Kinder hatte, aber sehr wenig für sie zu essen. Sie mußte den ganzen Tag arbeiten und konnte doch bei aller Mühe nicht so viel verdienen, um sie satt zu machen. Zuletzt verdang sie sich in eine Wirthschaft, wo sie jede Nacht bis zwei Uhr arbeiten mußte. Als sie eines Nachts nach Hause kam, sehr betrübt und nicht wissend, wie sie ihre Kinder am andern Morgen satt machen sollte, siehe! — da war sie nicht wenig erstaunt, die Tische mit den köstlichsten Kuchen bedeckt und am lustig brennenden Feuer einen halben Hammel schmoren zu sehen. Sie fragte die Kinder, woher das komme; diese sagten, es sei ein Mann hereingetreten, der das Alles so gemacht habe, und der Mann habe grade so ausgesehen, wie ihr Onkel Dick. Die Mutter sagte, das sei Unsinn; ihr Onkel Dick sei ja schon seit zehn Jahren gestorben. Aber die Kinder sagten, es sei doch wahr und sie wollten sich nicht davon abbringen lassen. Indessen ließen sich's Alle am folgenden Morgen ganz wol schmecken und die Mutter ging dann wieder an die Arbeit. In der Nacht, als sie nach Haus kam, standen auf dem Tisch wieder die Kuchen und der fette Hammel schmorte am Feuer und so ging's acht Tage fort und die Kinder wollten darauf schwören, daß es der Onkel sei, der Alles das gebracht habe.

Da beschloß die Mutter endlich, sich doch einmal selbst zu überzeugen, wie das eigentlich zusammenhinge, und demzufolge kam sie eines Abends viel früher nach Haus, als sie sonst zu thun gewohnt war. Bis gegen zwölf Uhr hin war Alles still; mit dem letzten Glockenschlage aber fing ein Lärm vor der Thür an, ein Lachen, Singen und Musiziren dazu, daß es die Mutter vor Neugierde nicht aushalten konnte. Sie ging hinaus und hörte nun die lieblichste Musik und sah das ganze Feld voll der schönsten Fräulein und der vornehmsten Herren, die mit einander tanzten und sich belustigten. Nach dem Tanze wurden Speisen umhergereicht und da sah sie einen von den Herren mit einer Schüssel und einem Korbe ihrem Hause zuschreiten und wie er ihr nahe genug war, da sah sie, daß es kein Anderer war, als Dick ihres verstorbenen Mannes Bruder, der selbst schon seit zehn Jahren todt und begraben war. "Dick!" rief sie — "Dick, bist Du's oder bist Du's nicht? Dick, wie kommst Du unter die Feen?"... In diesem Augenblick verschwand der Mann und die Schüssel und der Korb, und die Musik und alle Herren und alle Damen; und niemals wieder, wenn die Mutter Nachts heimkehrte, fand sie Kuchen auf dem Tisch oder einen halben Hammel am Feuer.

8. Das Feen-Handtuch.

Vor eilf Jahren geschah es, daß ein schöner, starker und kräftiger junger Mann, der einzige Sohn seiner Eltern, der mit diesen zu einem Leichenbegängniß fuhr, plötzlich vom Wagen fiel, krank wurde und nach ein paar Tagen starb. Er blieb drei Tage und drei Nächte über der Erde, seine Leiche wurde ausgelegt, die Todtenwache fand Statt mit dem „Kinen" (Todtenklage) und allen Ehren, und zuletzt wurde er in einen Sarg gelegt und auf dem Kirchhof begraben. Zwölf Monate später — gerade auf den Tag, wo er begraben worden war — saßen des Mittags die Eltern und ihre Schnitterleute beim Essen. Da kam ein junger Mensch herein, sehr blaß, sehr traurig, sehr abgemagert, und Keiner kannte ihn. Er verlangte mit der Frau allein zu sprechen. Diese kam zu ihm heraus und er sagte: „Wenn Ihr gegessen habt, so schickt doch Eure Leute auf's Feld, ich habe Euch 'was allein zu sagen." Die Frau that, wie der Fremde ihr geheißen, und darauf sagte dieser: „Mutter, ich bin Euer Sohn — ich bin nicht todt. Ich bin in der Gewalt der Feen. Erinnert Ihr Euch noch an jenes Leichenbegängniß? Da kam eine Frau vorbeigeritten, die mich mit einem weißen Handtuch schlug; da fiel ich vom Wagen und mußte mit ihr. Es war eine Fee. Was Ihr da aufgenommen und begraben habt, ist Feenblendwerk gewesen. Geht auf den Kirchhof und grabt meinen Sarg aus. Ihr habt einen Besen begraben. Heute kann ich noch nicht bei Euch bleiben, denn ich bin noch nicht frei. Aber in einigen Monaten werd' ich frei sein. — Ich hab' einen Freund bei den Feen und der will mir helfen, daß ich frei werde, wenn die Feen schlafen."

Und darauf ging er und kam wirklich nach ein paar Monaten wieder. Aber er ist immer bleich und kränklich geblieben und von seiner früheren Kraft und Schönheit konnte man Nichts mehr sehen. Er ist vor zwei oder drei Jahren gestorben. —

9. O'Donoghue's Dudelsack.

An den Seen von Killarney, wo die Männer tapfer und die Frauen treu, die Kühe klein und die Berge groß sind, da lebte einst ein blinder Dudelsackpfeifer, Namens Hugh M'Connell; ein tüchtiger Dudelsackpfeifer, der auf tausend Meilen in der Runde nicht seines Gleichen hatte. Aber Musikanten sind immer durstig und der gute Hugh wurde nicht nüchtern, so lang es 'was zu trinken gab, und zu trinken gab es dazumal immer in den guten Zeiten von Irland. Da gab es Nichts als Zechen und Schmäuse und „Patterns" und Tanz und Jagd.

Da geschah es nun an einem Maiabend, daß Hugh in der Stadt Killarney war, und da er vielen Leuten begegnete, die sich freuten ihn zu sehen, so schüttelte er hier dem Einen die Hand, und trank dort mit den Andern ein Glas Whiskey, — ein Kännchen Punsch hier und ein Pint Ale dort, und zuletzt blieb er in einem Public-House hängen, bis es tiefe Nacht geworden war. Hugh wurde immer lebendiger und machte gewaltigen Lärm; bis ihm denn endlich die Wirthin sagte, er solle jetzt aufpacken, sie sei müde und wolle in ihr Bett gehen und es sei für jeden ehrlichen Mann Zeit, sich jetzt in das seine zu begeben. Hugh sagte, es sei schon gut; nahm seinen Dudelsack unter den Arm und einen langen Stock in die Hand und machte sich auf. Ihm war's einerlei ob die Sonne schien oder nicht, er hatte den Weg so im Gefühl und kannte jeden Winkel und jede Ecke von Kenmare nach Tralee. Also ging er denn in die stockfinstere Nacht hinaus, er ging den besten Weg, den er kannte, und der war schlecht genug, denn Hugh konnte kaum stehen. — Er ging und ging und wußte zuletzt nicht mehr, wo er ging; dann setzte er sich auf einen Stein und dachte, es wäre doch einerlei, nahm die Balgstöcke des Dudelsacks unter den Arm, die Pfeifen in den Mund und fing an zu spielen. Doch kaum hatte er den ersten Ton von sich gegeben, so schallte es schon aus der Ferne wie Pferdegetrappel und bald darauf hielten Reitersleute dicht neben ihm.

„Pfeifer," sagte einer von ihnen, „willst Du mit uns reiten?"

„Wohin soll's denn gehen?" fragte dieser. „Zu einer Hochzeit, oder zu einer Kindtaufe oder zu einer Todtenwache?"

„Komm nur, komm nur und mach' rasch!" sagte der ungeduldige Reitersmann.

„Nein, ich kann nicht," sagte der Pfeifer, „ich muß morgen früh bei Meister Herbert am Torl-See sein."

„Und diese Nacht bist Du bei uns!" sagte der Reiter und hob ihn ohne Weiteres auf's Pferd, jagte mit ihm davon, jagte immerzu, bis sie am See waren, jagte in den See hinein, tauchte unter und ......

Am nächsten Morgen fand Tom M'Gordon, der Bauer von Clogherin Hugh, den Pfeifer, im festen Schlaf unter einem Baum in dem Escamucky-Gebirge. Er hielt ihn natürlich für betrunken und weckte ihn auf; aber Hugh schwur hoch und theuer, er sei nicht betrunken und ihm sei etwas ganz Anderes begegnet. Tom wollte wissen, was denn das sei, und Hugh erzählte ihm, wie ihn gestern Nacht Reiter vom Weg mitgenommen und mit ihm in den See geritten wären. Eine Weile sei es durch dick und durch dünn gegangen, bis sie auf einmal gehalten und eine ihm unbekannte Stimme gerufen hätte: „Willkommen in O'Donoghue's Schloß!"... Und auf einmal hatte ich mein Augenlicht wieder, ich konnte sehen, wie ich in meinen jungen Jahren gesehen habe, und sah eine große, schöne Halle vor mir.

„Wo bin ich?" rief ich aus.

„Im O'Donoghue's Schloß bist Du!" war die Antwort.

„Dann will ich aber auch Eins spielen!" sagte ich und nahm die Blasebälge unter den Arm und fing an; und kaum, daß ich den ersten Ton geblasen hatte, so kamen wol hundert Damen und Herren daher, alle in Sammet und Seide. Und die Damen lachten vor Freude und die Herren schrieen und sangen zu meinem Ton; nur Einer blieb stumm und ward immer verdrießlicher. Da saß nämlich der alte Harfner in der Ecke, mit einem Bart so lang als mein Arm, und viel weißer noch als mein Hemd, und der war sehr grämlich und ärgerte sich über die Maßen, daß ich den Dudelsack so schön spielte, und daß die Damen und Herren so gerne zuhörten. Zuerst hielt er sich die Ohren zu; aber nach einer Weile konnte er's gar nicht mehr aushalten, und auf sprang er, griff nach einem verrosteten Schwert und stach damit in die armen Bälge meines Dudelsacks und paff! — gingen sie zusammen und Sang und Klang war vorbei. — Ich war sehr traurig darüber, aber einer von den Edelleuten sagte: „Hugh, sei nicht traurig! Hier hast Du einen andern Dudelsack, der ist viel besser, als es Dein alter gewesen." Darauf fing ich wieder zu spielen an und alle wurden wieder lustig, ja noch viel lustiger, als zuvor. Sie setzten mich in einen gewaltigen Großvaterstuhl und ich mußte immer spielen und bekam das Beste, was man sich denken kann, zu essen und zu trinken. Und darauf begannen sie zu tanzen, und tanzten Jigs und Contretänze, bis die Sonne auf den Lough Leane schien. Und grad in diesem Augenblick, wo der erste Strahl der aufgehenden Sonne das Wasser berührte, tönte eine Trompete und ich ward hinausgeführt, auf ein stattliches Roß gesetzt, das für mich bereit stand; auch die Andren saßen auf, und so ging's vorwärts — die Pferde gingen über das Wasser des Sees, wie Schaumwellen über das Wasser gehn. O'Donoghue selbst auf einem Schimmel ritt nach den Klängen unsichtbarer Musik voran, und dann kehrten wir Alle wieder um und in's Schloß zurück. Nun fragte mich O'Donoghue, ob ich immer bei ihm bleiben wollte? Ich sollte es stets sehr gut haben, gutes Essen, gutes Trinken, was ich nur wünschte. Darauf sagte ich aber: „Nein, ich möchte doch lieber wieder in die Welt zurück."

„Aber dann wirst Du auch wieder blind werden!" sagte O'Donoghue. Aber ich sagte, ich wollte doch lieber gehen, und da kriegte ich einen Stoß in die Seite — Gott weiß, ich fühle den Stoß noch und muß blaue Flecke davon bekommen haben! — und taumelte bewußtlos auf den Boden und von dem Augenblick an weiß ich nicht, was mit mir geschehen ist, bis zu dem, wo Du mich unter dem Baume gefunden und geweckt hast, Tom!" So erzählte Hugh, der Dudelsackpfeifer, und Tom, der Bauer von Clogherin, sagte, das wäre ein schöner Traum gewesen, und weiter Nichts. Aber Hugh schwur bei allen Heiligen, es sei kein Traum, sondern die reine Wahrheit; und dann zeigte er ihm den Dudelsack, welchen er aus O'Donoghue's Schloß mitgebracht. Der sah nun allerdings seltsam genug aus; aber Tom sagte: „Du bist just wie mein Weib Kate, die glaubt auch an die Feen, und würde

9*

einen Eid darauf ablegen, daß unser jüngstes Kind von den Feen
ist. Ein wunderlich Wesen ist es, das ist wahr; mit Beinchen
so dürr wie Spindeln, mit Händchen so dünn wie Fladen, und
obgleich es schon zehn Jahr alt ist, so ist es doch nicht viel größer
als ein Ferkel."

„Wunderlich — das ist wahr!" erwiderte Hugh. „Aber wie
geht Dir's denn sonst?"

„Auch schlecht genug." sagte Tom. „Das bischen Land ist
zu theuer, der Zins zu hoch, und obendrein ist nun auch der
Zehnte noch aufgeschlagen worden. Du siehst, Hugh, es geht mir
schlecht genug. Aber komm — zum Frühstück wird Kate doch
wol noch Etwas haben!"

Hugh ging mit, das versteht sich. Denn er pflegte von Dem
zu leben, was Gott ihm schickte und gute Menschen ihm gaben.
Sie traten in die Hütte und dürftig genug sah es darinnen aus.
In der Ecke am Feuer stand die hölzerne Wiege und Tom's Junge
darin, der häßliche Bengel, der einen Schrei ausstieß in dem
Augenblick, wo er Hugh sah, und mit Händen und Füßen so lange
zappelte und dabei weinte und tobte, bis man ihm den Dudelsack
reichte, worauf er sich zufrieden gab und vor Freuden lachte. —
Kaum jedoch hatten sie sich zum Frühstück niedergesetzt, so that
sich die Thüre wieder auf, und herein trat der Klostereinnehmer,
um den Zehnten im Namen des Bischofs einzufordern. Tom
redete noch mit ihm und wollte ihn bitten, die Zahlung zu stunden, da that sich die Thüre abermals auf und herein trat zuerst
des Grundherrn Büttel, und zu zweit der Zinsvogt der Gemeinde,
und zuletzt der Küster, welcher die Kirchengelder erheben wollte.

„Gott segne Euch Alle!" sagte der arme Tom, indem er sich
umkehrte, um heimlich die Thränen abzuwischen, die ihm in den

Augen standen. — Auf einmal hörte man einen seltsamen Klang — und siehe da, es war der Junge in der Wiege, der häßliche Bengel, welcher auf dem Dudelsack blies. Und wie sie den ersten Ton gehört hatten, da mußten sie alle anfangen laut zu lachen; und sie mußten so lange lachen, als der Junge spielte. Darauf wechselte er die Melodie, und die Leute fingen nun an zu schreien, so laut sie konnten. „Und nun einen Jig!" rief der kleine Satanskerl, wechselte wieder mit der Melodie und — Hopdidudendu! ging's, aufsprang wie ein Tollhäusler der Klostereinnehmer, und der Büttel und der Küster und der Zinsvogt und sie tanzten, Jeder mit seinem Stock in der Hand, bis sie nicht mehr athmen konnten. „Fogha-Boileagh!" schrie da der kleine Balg — „Alle auf einander!" — und dabei wechselte er wiederum seinen Ton, und nun flogen — hast du nicht gesehen! — die Stöcke in die Luft und auf die Köpfe und der Klostereinnehmer und der Büttel und der Küster und der Zinsvogt hauten sich so windelweich, daß den Andern angst und bange wurde, und Hugh unter den Tisch kroch und Tom auf die Anrichte sprang und Kate sich im Aschenwinkel versteckte. Und nun veränderte der kleine Hexenmeister die Melodie noch einmal und siehe da! — anstatt Tom zu pfänden, liefen sie was sie konnten und waren hernach für kein Geld in der Welt in das verzauberte Haus zurückzubringen. Tom aber dankte dem lieben Gott für diese unerwartete Hülfe aus großer Noth. Kate jedoch sagte: „Nun seh' ich klar, daß Du von den Feen bist, Du Wechselbalg, Du!" und ohne viel Besinnens packte sie den Kleinen in der Wiege, den häßlichen Bengel, und warf ihn in's Torffeuer. Und wie eine Blase stieg er in den Kamin hinauf und ward nie wieder gesehen; aber als Kate sich umsah, da saß auf dem Rand der Wiege ein hübscher Junge von zehn Jahren, den sie mit dem

Ausruf: „Das ist mein kleiner Tom! das ist mein Junge! Gott sei Dank!" in die Arme schloß.

Hugh's Dudelsack aber, den er aus O'Donoghue's Schloß mitgebracht, wurde kurze Zeit darauf für eine große Summe, welche der Bischof, der Pfarrer, der Grundherr und die Gemeindeältesten zusammengeschossen hatten, angekauft. Denn diese sahen wol ein, daß an Zinsen und Zehnten nicht zu denken sei, so lange sich dieser Dudelsack in den Händen des irischen Bauernvolks befände; Hugh und Tom aber theilten sich in den Erlös und lebten glücklich und zufrieden bis an ihr Ende.

10. Der Phuka.

Der Phuka ist der boshafteste Geist von Allen und Gott behüte uns vor ihm! Er zeigt sich meist in der Gestalt eines Bullen, dem aus Auge, Mund und Nase Feuer sprüht; und er schleudert denjenigen, der nicht an ihn glauben will, mit den Hörnern in die Luft und galoppirt mit ihm die ganze Nacht herum und läßt ihn zuletzt gegen Morgen von Angst erschöpft und mit Koth beschmutzt am Wege liegen. So ging es dem Paddy Moran, der in Kilgobant wohnt, und gar nicht aufhören kann von der Geschichte zu sprechen, obwol sie sich schon vor zwanzig Jahren zugetragen hat. Als er nämlich zu jener Zeit auf Allerheiligenabend nach Hause gehen wollte, und angetrunken, wie er war, auf einer Wiese liegen blieb, da kam um Mitternacht der Phuka, spießte ihn auf seine gewaltigen Hörner, und jagte mit ihm auf dem Dache eines himmelhohen Hauses herum, und dem armen Paddy war so weh, er hätte wol immer schreien mögen, aber es war ihm, als läge ihm Etwas auf der Brust, und er konnte nicht schreien. Zuletzt warf ihn der Phuka vom Dache herunter — und Paddy fiel wol eine halbe Stunde lang immer hinunter, immer hinunter, und als er zuletzt auf den Boden schlug, da erwachte er, und lag auf derselben Stelle in der Wiese, wo er die Nacht hingefallen war, und alle Knochen thaten ihm weh.

So ging es auch dem Larry Cronin, der an dem oberen Ende des Lough Leane wohnt. Larry sagte immer, er glaube nicht an Feen und solch Altweibergeschwätz, und ein kräftiger Bursche war er dazumal, und es mochte ihm wol auch Ernst gewesen sein. Da war er nun einmal mit seinen Kameraden auf einer sehr lustigen Hochzeit gewesen und es gingen ihrer ein ganzer Trupp, selig vom Tanz und Whiskeypunch, heim. So kamen sie bei dem alten Kirchhof von Killare, — eine Meile oder so vom Aghaboe-Hügel — vorbei. Da hängt der grüne Epheu dick um die Grabsteine, und seine vier Mauern stehen in der einsamsten Gegend von Kerry. Als sie nun vorbeigingen, und der Wind in dem Epheu und in dem Grase rauschte und stöhnte, wie das „Kinen" (Todtenklage-Singen) eines alten Weibes: da ward ihnen Allen angst. Aber Larry's Kumpane faßten sich bald wieder und sagten: „wenn Du nun wirklich keine Angst vor Geistern hast, so geh doch einmal da in die alte Abtei hinunter und bleibe eine Viertelstunde drin." Larry wollte sich doch von seinen Freunden nicht verspotten lassen, und machte sich augenblicklich auf, kletterte über die Mauer, sprang in das Kirchhofgras, und begab sich dann zur Abtei. Sein Herz bebte ihm gewaltig, als er in das alte, dunkle Gemäuer kroch und er sagte sein Vaterunser und das Ave. Aber kaum, daß er das letzte Wort gesprochen, da hörte er schon ein Geräusch in der Ferne. Er packte seinen Schillelah (Eichenstock) fester, — aber wie ward ihm, als er nun auf einmal seinen Namen rufen hörte.

„Ha, ha, ha! Larry Cronin, bist Du's?" klang es, wie vom Winde selbst gesprochen, aus der Dunkelheit. Bald aber kam es näher und näher, und da sah er, daß es ein Bulle war, aus dessen Augen Feuer sprühte, der furchtbar große Hörner und ein kohlschwarzes Fell hatte. „Larry," sagte der Bulle, „willst Du nach Haus reiten?" Ehe dieser noch antworten konnte, da hatte der Bulle ihn schon auf den Hörnern, und ehe er sich's versah, da saß er auf dem Rücken desselben und konnte nicht mehr herunter, wie sehr er auch mit Händen und Füßen arbeitete. Vergebens bat er den Bullochsen, ihn frei zu lassen. „Ach, Euer Gnaden," sagte er, „laßt mich doch los!" Aber der Bulle sagte: „Nichts da, Larry! Ich bin der Phuka, und wir wollen einen kleinen Ritt zusammen machen!" — Und dann ging's fort, immer fort. Larry dachte, es sei um sein Leben geschehen, so schnell ging es. Nichts war im Stande, den jagenden Bullochsen aufzuhalten. Ueber Sumpf und Haide, über Röhricht und Gräben und Steinlöcher und Ackerland, immer fort. Larry's Beine waren von Dornen fast ganz zerrissen und zerkratzt, und als es eine unendliche Zeit lang so gegangen war, da sagte der Phuka: „Larry, wo sind wir jetzt?"

„Ach, Euer Gnaden," sagte Larry, „ich glaube, wir sind dicht bei dem alten Thurm von Aghaboe."

„Richtig!" sagte der Phuka, „da sind wir, und nun wollen wir weiter!"

Und alsbald ging's wieder vorwärts, durch's Feld, bis auf den Kirchhof von Killarney, und auf die Gräber, in denen manch ein Freund von Larry ruhig schlief. Auf einmal hörte er die Stimme von Kitty Moinuhen, die einen Monat vorher gestorben war, und „Willkommen hier, Larry Cronin!" sagte sie, „was für Neuigkeiten bringst Du, Larry Cronin? Und warum kommst Du und drängst dich in unsere Gesellschaft, Larry Cronin?"

Indem er noch zitterte, da begann die lieblichste, süßeste Stimme, die er je gehört hatte, zu singen: „Savournin dhilisch! Savournin dhilisch!" Und als dies Lied, das er tausendmal selber gesungen, beendet war, da hörte er lautes Lachen und Scherzen unter den Steinen, und Händeklatschen und allerlei Munterkeit. Und dann setzte sich der Bulle wieder in Bewegung und es ging die liebe lange Nacht so durch, bis er selber müde ward. Es fing an zu tagen und die Vögel begannen zu singen. „Larry," sagte da der Bulle, „nun kannst Du absteigen, aber hüte Dich, je wieder von den „Dschintelmin" und dem Phuka Uebles zu sprechen, sonst kömmst Du das nächste Mal nicht so gut davon." Dann warf er ihn ab, und als Larry, der ganz betäubt hingestürzt war, wieder erwachte und die Augen aufschlug, da lag er auf der Spitze des Schechy-Gebirges, auf der andern Seite des Sees, bei Dinis-Eiland, und eben ging über seinem Kopfe die Sonne auf.

11. Feen-Ammen.

Ganz eigenthümlich ausgebildet findet sich im Westen der Glaube, daß Wöchnerinnen, welche im Kindbett starben, nicht wirklich gestorben, sondern von den Feen entführt worden seien, um die Kinder der Feenkönigin zu nähren. Zuweilen sagt man auch, daß Vertauschungen stattgefunden, und daß die wahre Wöchnerin entführt sei und die Patientin, welche da im Bette liegt, eine von den Feen ist, die Züge und Aussehn der Entführten angenommen hat, während diese einem von Fin Barra's Kindern in den Feenhallen von Knocmagha, in der Grafschaft Galway die Brust giebt.*) In all' diesen Fällen nehmen die Bauern ihre Zuflucht zum Feendoctor, und die Weise, wie dieser verfährt, ist folgende: er füllt eine Tasse oder ein Glas mit Hafermehl und spricht ein irisches Gebet darüber. Alsdann bedeckt er es mit einem Tuch und bringt es an's Herz, an den Rücken und die Seite der verwandelten Fee, wobei er seinen Zauber wiederholt. Wenn es nun eine Fee ist, die da im Bette liegt, so verschwindet das Mehl auf der einen Seite des Gefäßes, als ob es abgeschnitten worden sei. Aus dem Rest werden drei kleine Kuchen gemacht,

---

*) Oder aber, wenn — wie das im Kindbett ja nicht selten geschieht — die Wöchnerin an momentaner Geistesstörung leidet, so wird das regelmäßig dem Einfluß der Feen zugeschrieben.

die man auf dem Herde bäckt und der Kranken an den drei nächsten Morgen zu essen giebt. Wenn der Zauber gebrochen ist, so verschwindet die Fee und wird durch die wirkliche Person wol und gesund ersetzt.

Viele Geschichten von also entführten Wöchnerinnen leben im wilden Westen und ich will folgende aus der großen Zahl derselben mittheilen.

Vor nicht gar langer Zeit (erzählt Neilson in seiner „Introduction of the Irish language", Dublin 1808) geschah es in Connemara, daß ein Bauerweib, Namens Mary Rourke, im Wochenbette starb. Man wusch sie, legte sie aus, hielt die Todtenwache und die Todtenklage bei ihr und begrub sie dann mit allen in jener Gegend üblichen Formen und Ceremonien.

Mary jedoch war nicht wirklich todt. Sie lebte in Knockmagha dreiviertel Jahr und säugte das Kind der Feenkönigin. Aber obwol man sie mit Lustbarkeiten und süßem Gesang unterhielt, so war sie doch immerdar sehr betrübt. Zuletzt erzählten ihr die Leute im Schloß, daß sich ihr Mann mit einer Andern verheirathet hätte und daß sie ihrem Kummer und Trübsinn nicht länger mehr nachhängen sollte; daß Fin Barra, der Feenkönig sich anschicke, mit seiner ganzen Familie nordwärts zu ziehen, um der Provinz Ulster einen Besuch abzustatten. Beim ersten Hahnenschrei brachen sie andern Morgens im Hügel von Knockmagha auf. Fin Barra und seine Schaar. Manch' Feenschloß, manches Rath (altirischer Festungshügel) und Mount (alter Grabhügel) wurde vom Tagesanbruch bis zur Abenddämmerung auf schön beschwingten Rossen besucht.

Rund um Knock Grein und Knock-na-Rae
Ging es auf rosigen Flügeln,

Zum Ben-Echlan und Da-ean-See,
Zu Mourne's luftigen Hügeln.
Sie reis'ten früh vom Hahnenschrei
Bis spät zum Abendstrable,
Von Dundrum und Dunarbalay
Bis Knock-na-Feadale.

Das sind Alles berühmte Feenplätze in West und Nord von Irland. Nun lebte am Fuße des Knock-na-Feadale mit seiner Mutter, einer sehr bejahrten Wittwe, Thady Hughes, ein ehrbarer, frommer und fleißiger Junggesell. Eines Abends — es war auf Allerheiligen — da ging Thady aus; und es war just um die Zeit, wo Fin Barra mit seinem Hof durch die Luft vorbeizog. Wie nun Thady in einer Schlucht des alten Hügels stand und zu den Sternen aufschaute, welche mit silberner Reinheit durch die scharfe, klare Frostluft niederblitzten, da bemerkte er eine schwarze Wolke, die von Südwest herüberzog, mit einem mächtigen Wirbelwinde. Er hörte Pferdegetrappel vor dem Winde, wie wenn eine Reiterschaar das Thal entlang und zu dem „Rath" käme, auf welchem er stand. Thady war sehr erschrocken und zitterte am ganzen Leibe. Aber er erinnerte sich an das, was er von erfahrenen Leuten früher wol oft vernommen. Wenn man nämlich den Staub unter den Füßen weg gegen den Wirbelwind in dem Augenblick, wo er vorübersaust, wirft, so muß er jedes menschliche Wesen, das in ihm durch den Zauber gefangen ist, freigeben.*)
So nahm denn Thady eine handvoll von dem Kies, der unter seinen Füßen war und warf ihn muthig im Namen der heiligen Dreinigkeit mitten in den Sturm hinein — und siehe da! — auf den Boden platthin fiel ein junges schönes Weib. Thady

---

*) Derselbe Glauben und Gebrauch findet sich auch in den schottischen Hochlanden.

faßte sich ein Herz und da er sie hatte seufzen hören, redete er sie an, hob sie von der Erde auf, nahm sie mit sich nach Haus zu seiner Mutter, die sie pflegte, bis sie wieder genesen war. Im Laufe der Zeit, da Thady sich überzeugt hatte, daß sie ein menschliches Weib und keine Fee sei, verliebte er sich in sie und nahm sie zur Frau und es war in der ganzen Grafschaft Down kein glücklicheres Paar als die Beiden. Und so lebten sie Jahr und Tag fröhlich zusammen, bis auf einmal ein Strumpfhändler aus Connemara heruntergezogen kam und sie als die Mary Rourke erkannte, die man vor mehreren Jahren begraben hatte. Nicht lange, so kam auch ihr Mann an und verlangte sie von Thady zurück. Dieser aber wollte sie nicht hergeben und es kam zu vielen und langwierigen Streitigkeiten, bis endlich der Bischof sie ihrem ersten Mann wieder zusprach. Denn es war nicht wahr gewesen, was die Feen gesagt hatten, daß er sich zum zweitenmal verheirathet habe und so gehörte Mary nach göttlichem und menschlichem Recht ihrem ersten Manne, der sie denn auch mit sich nach Connemara zurücknahm.

Eine ähnliche Geschichte ereignete sich in Innis Schark, einer Insel nicht weit von den Killeries an der Küste von Connemara. Auf dieser Insel lebte ein hübsches Fischerweib, mit Namen Biddy Manion, die, nachdem sie zwölf Monate verheirathet gewesen, ihrem Manne ein Kind schenkte, „so schön nur eins zu finden war zwischen Schark und Amerika, — und das sind ja die nächsten Kirchspiele, da sich Nichts weiter zwischen ihnen befindet als der Atlantische Ocean." Nun sollte es sich ereignen, daß um dieselbe Zeit auch die Feenkönigin ein Kind gebar, das sie aber nicht fähig war, zu nähren, weil ein boshafter Feenkönig, der nordwärts am Riesendamm (Giant's Causeway) wohnte und sich mit ihrem Gemahl in Fehde befand, ihr die Milch weggezaubert hatte. So sann denn das gute Volk von Innis Schark darauf, eine Amme für das Kind der Feenkönigin zu gewinnen und ihr Auge fiel auf Bibby Manion, das schöne Fischerweib. Aber sie konnten ihr lange nichts anhaben, da sie immer ein Stück Torfkohle von dem Johannisfeuer bei sich im Rocke trug und auf diese Weise, wie bekannt, gegen alle Feenkünste gesichert war. Da geschah es denn nun eines Nachts, daß ihr Kind, das grade an den Zähnen litt, sehr laut zu schreien anfing, so daß die Mutter aufstand und in die Küche ging, um Licht anzumachen. Bei diesem Gang — noch schlafbefangen, wie sie war — vergaß sie, den Rock mit der Torfkohle überzuwerfen, und indem sie das Feuer anblies, sah sie drei Männer vor sich stehn, und ehe sie noch ein Wort sagen oder schreien konnte, hatten die drei Männer sie schon ergriffen, vor die Thür geführt, auf ein schwarzes Pferd gesetzt, das vor der Thüre stand und so fuhren sie in die Luft hinein.

Es war eine schöne, ruhige Sommernacht, der Mond ging auf und sanft, wie durch ein silbernes, weiches Meer glitten sie durch die Wolken dahin. Nach einiger Zeit war es, als ob das schwebende Pferd sich niedersenkte und es hielt alsdann vor der Thür eines prächtigen Schlosses still, das mit seinen weißen Wänden im Mondenlicht stand am Fuße eines Hügels unter grünen dunklen Bäumen. Ein Mann, ganz in Scharlach gekleidet, mit einem dreieckigen Hut auf und einem Schwert an der Seite, stand vor der Thür, empfing und führte sie in das Schloß. Er ließ sie in einem herrlichen Zimmer allein. Auf der Schwelle desselben sah sie ein junges Weib stehen, das sah traurig aus und sprach kein Wort. Endlich faßte sich Bibby ein Herz und redete sie an. Da sagte die Andere: „Bibby Manion, so lieb Dir die Seligkeit

ist — rühr' hier unten keine Speise, keinen Trank an — es ist
Alles Zauberei. Ich bin hier gefangen, weil ich gegessen und
getrunken habe und werde wol nie mehr frei werden. Aber wenn
Du wieder heraufkommst, so schicke zu Tim Connily, dem Fischers-
mann, der an den Killeries wohnt, und laß ihm sagen, daß seine
Frau hier unten beim guten Volke sei, und er möchte doch
den guten Vater Pat Prendergast, den Abt von Cong bitten —
vielleicht gelingt es dem, mich zu befreien." Als sie das gesagt
hatte, verschwand sie und der Mann in Scharlach erschien, und
nicht lange nach ihm kam auch das seltsame Weib wieder mit
einem Kind auf dem Arm. Der Mann in Scharlach nahm das
Kind und legte es an Bibby's Brust, worauf er sie in ein anderes
fürstliches Gemach führte, in welchem unter einem Thronhimmel
die Feenkönigin saß, ein liebliches junges Geschöpf, und rund um
sie viele Männer mit langen Perrücken und rothen Mänteln. Es
war eine Tafel gedeckt, ganz voll Leckerbissen, und man lud Bibby
ein zu essen. Aber Bibby sagte, sie sei nicht hungrig; wolle man
ihr jedoch eine Güte erweisen, so möchte man ihr ein Heilmittel
für ein Kind geben, das am Zahnen leide. Der Feenkönig —
denn das war der Mann im Scharlach — wurde sehr verdrieß-
lich darüber; aber die Feenkönigin sagte mit süßer angenehmer
Stimme: „Da die Frau meinetwegen gekommen ist, so ist es
auch nicht mehr als Recht, daß ich ihr meine Dankbarkeit be-
zeige. Also," wandte sie sich an Bibby, „geh' an den Brunnen
von Aughavalla, am Abhange des Croagh Patrick, pflücke Dir
daselbst zehn grüne Binsen bei der Wurzel ab, wirf die zehnte
über die Schulter, drücke den Saft der übrigen in eine Thee-
tasse und gieb es dem Kinde zu trinken, so werden seine Schmerzen gleich aufhören."

Darauf steckte der Feenkönig einen Ring an ihren rechten
Goldfinger und sagte ihr, so lange sie denselben trage, könne ihr
Niemand ein Leides zufügen, und dann rieb er ihre Augen mit
einer Salbe. Kaum, daß er dieses gethan, so war der Zauber
gelöst — anstatt des herrlichen Thronsaales sah sie eine finstere
Höhle, in der Nichts als Todtenschädel lagen und ein Moder-
geruch wehte. Der Mann in Scharlach öffnete eine Pforte —
„nun bist Du dicht bei Deiner Hütte" — sagte er, und indem
sie sich umwandte, war er verschwunden. Es war Morgen-
dämmerung. Sie kannte den Weg wol, auf dem sie stand. Er
führte über das Haideland zu ihrer Hütte. Als sie vor derselben
angekommen war, da trat aus der Thür eine Frauengestalt —
es war die Fee, die an ihrer Stelle im Bette gelegen hatte,
während sie fort gewesen. „Welch ein Thor ist Dein Mann,"
rief sie lachend aus, „er hat keinen Unterschied gemacht zwischen
dir und mir — ha, ha, ha!" damit zerfloß sie in Morgenluft,
und als Biddy in ihre Hütte trat, da lag ihr liebes, geliebtes
Kind ruhig und süß im Schlaf und die ersten Strahlen der aufgehenden Sonne spielten um sein blondes Köpfchen. — Aber die
Frau Tim Connily's ist nicht wieder frei geworden, trotzdem
Vater Pat Prendergast Alles gethan, was in seiner Macht stand.

Denn nicht immer werden die Ammen wieder erlöst, wie
auch folgende Geschichte beweist, deren sich viele Leute in Connemara noch recht gut erinnern.

Es war im Jahr 1818, daß Mary, das Weib Daniel Kelly's,
eine kräftige, schöngebaute, volle Person von höchstens 28 Jahren,
mitten an einem Sommertage todt hinfiel, während sie auf dem
Felde beschäftigt war, Kohl zu schneiden. Große Bestürzung
herrschte im ganzen Kirchspiel von Moyarta, südwestlich von Clare,

und um so mehr, als viele Leute, welche sich um dieselbe Zeit draußen auf dem Felde befunden hatten, sagten, daß sie einen fürchterlichen Wirbelwind gesehen und gefühlt hätten, der nicht bloß neben ihnen, sondern d u r ch sie hingefahren wäre, und der genau in der Richtung von Kelly's Haus, Stroh und Staub und Alles, was ihm im Wege gelegen, mit sich fortgerissen hätte. Dies bestärkte Daniel Kelly und seine Verwandten in dem Glauben, daß Mary entführt worden sei, um Amme bei der Feenkönigin zu werden. Sogleich benachrichtigte man Mary Quin und Margarethe Mac Inerheny, zwei berühmte Feenweiber aus der Nachbarschaft, von dem, was vorgefallen, und diese machten drei Tage und drei Nächte lang an allen Forts und Raths der Umgegend unaufhörliche aber vergebliche Versuche, Mary Kelly zu befreien. Endlich mußte man sich entschließen, das, was nur dem äußeren Scheine nach, die Leiche Mary's war — denn sie selbst lebte ja bei den Feen — zu bestatten; aber kein Mensch glaubte, daß sie es wirklich selbst sei. Ja, ihr Mann und ihre Brüder wachten drei Wochen lang Tag und Nacht an ihrem Grabe und öffneten es dann noch einmal in der festen Ueberzeugung, daß sie statt des eingescharrten Leichnams nur einen Besenstiel vorfinden würden. Darin irrten sie sich jedoch; sie fanden im Grabe, was sie hineingelegt hatten: einen in Verwesung übergehenden Leichnam.

12. Schön Nora.

In der Grafschaft Meath, zwanzig, dreißig Meilen westlich von Dublin, lebte vor nicht langer Zeit ein Mann, der viel trinken konnte und viel zu erzählen wußte, der „gläserne Paddin" genannt, weil er mit Gläsern und Töpfen handelte, und bekannt war er auch — das weiß Gott! — denn fünfzig Meilen in der Runde war kein Flecken noch so klein, den er nicht jährlich mehreremale mit seinem Gaul und seiner Waare besucht hätte. Da geschah es nun in einer Nacht, daß er und sein alter, schwerbeladener Gaul auf ihrem Wege zum Markte nach Trim waren, und da Paddin kein eigenes Gras hatte, so hielt er sich gewöhnlich an das, was anderen Leuten gehörte, trieb also seinen Gaul auf einen Anger, an dem sie vorbeikamen. Als er sein Thier weit genug hineingetrieben hatte, damit Niemand, der etwa des Weges noch vorüberziehen möchte, Etwas davon gewahr werde, da ließ er es nach Herzenslust weiden und streckte sich selber behaglich in's Gras nieder. Kein Zweifel, daß er im Grase lag; es rauschte und wehte im Nachtwinde über seinem Haupte zusammen; daß dies Gras aber auf einem „Rath" wuchs, — das wußte er nicht, wiewol er's bald erfahren sollte. Ein Rath nämlich ist einer von jenen uralten Erdhügeln, auf welchen vor vielen tausend Jahren die Könige von Irland ihre Schlösser und Festungen erbaut hatten. Die Schlösser und Festungen sind lange gesunken und verschollen; aber in die unterirdischen Hallen und Gänge der Hügel sind die Ganconers und Schifras, die Feen und Kobolde eingezogen, die daselbst ihr lustiges Wesen treiben. Und der gläserne Paddin hatte auch noch nicht lange dagelegen, als die kleinen Herren mit ihren rothen Käppchen heraushüpften, Einer nach dem Andern, und um ihn herumzutanzen anfingen. Sie waren fröhlich und guter Dinge, und tranken Thautropfen aus ihren Händen.

„Hier ist ein Glas für Euch!" sagte Paddin, indem er sich aufrichtete und aus einem seiner Körbe ihnen ein Glas darreichte. Sie versammelten sich um ihn und fragten ihn: „Wie geht es Dir, gläserner Paddin?"

„O, ich danke Euch, recht gut!" erwiderte der Gefragte. „Wie geht es Euch und Eurer Familie?"

„O," sagte der Ganconer, „ich habe keine Familie mehr. Meine Frau, die ist gestorben!"

„O," sagte Paddin, „ist das möglich? Aber Ihr könnt ja wieder heirathen; denn Mädchen giebt es ja jetzt so viele in Irland, als Brombeeren am Strauche."

„Weißt Du denn ein recht schönes Mädchen für mich, Paddin?" fragte der Ganconer.

„Freilich weiß ich ein recht schönes Mädchen für Euch," erwiderte Paddin; „denn es giebt kein schöneres im ganzen Lande als Nora, die Tochter Lukas Margareth's, des Müllers. Aber die wohnt sehr weit von hier, im Norden, bei Enniskillen, in der Grafschaft Cavan, wol hundert Tagereisen von hier!"

„Wenn's nicht weiter ist," sagte der kleine Rothkapp, „dann

wollen wir schon hinkommen. Willst Du mit uns reiten, Pabbin?"

„Mitreiten wollt' ich wol schon — aber wer besorgt mir denn morgen den Markt?"

„Markt hin, Markt her," versetzte der Ganconer, „es soll Dein Schade nicht sein, komm nur mit!" Und darauf zog jeder von den Ganconers einen Binsenstengel aus dem Boden, setzte sich rittlings darauf und — siehe da! — es ward ein schönes Pferd daraus. Pabbin machte es, wie sie, und er saß bald auf einem eben so schönen Pferde, wie alle Anderen, und auf ein Kommandowort ging's in die Luft, und ehe man noch hätte drei zählen können, hielt die berittene Gesellschaft vor dem Hause Lukas Margareth's, des Müllers. Da ging es heut Nacht nun grade sehr lustig her; es wurde getanzt und die schönsten Mädchen und die flinksten Burschen aus dem ganzen Kirchspiel waren zusammen. Pabbin mußte ein paar Worte sprechen, die ihm der Ganconer vorsagte, und im Umsehen saßen sie, in Hähne und Hennen verwandelt, auf den Holzsparren unter dem Strohdach.

„Bei meiner rothen Kappe!" sagte der kleine Ganconer, „Nora ist das schönste Mädchen in Irland; wenn ich es nun veranstalten kann, daß sie dreimal niest, ohne daß Einer Gesundheit ruft, so ist sie mein für Ewig."

Dem gläsernen Pabbin aber that es jetzt doch leid, daß er die Nora so in's Verderben stürzen sollte. Der alte Lukas war immer sein guter Freund gewesen, und oft genug hatte er an seinem Tisch gegessen und getrunken. Aber was sollte er thun? Obendrein zitterte er noch am ganzen Leibe vor Furcht, daß er von seinem Sparren herunterfallen möchte. Als Nora zu Ende getanzt hatte, setzte sie sich an der Seite ihres Schatzes Charley

Smith nieder und Charley, der ein kräftiger, stattlicher Bursche
war, wie Einer, legte seinen Arm um ihren Nacken und küßte sie.
Mein kleiner Herr, der Ganconer, der ein Auge hatte, wie ein
Habicht, paßte die Gelegenheit ab, hüpfte wie ein Spatz herunter,
hinter sie, und kitzelte ihr mit einem Strohhälmchen die Nase.
Darauf nieste sie, aber keiner sagte „Gesundheit!" denn anmuthig
und leise, wie sie Alles that, hatte sie auch geniest, so daß keiner
es hörte oder darauf achtete. Zum zweiten Male kitzelte er sie
mit dem Strohhalm, zum zweiten Male nieste Nora, und wieder
fiel es keinem ein, „Gesundheit!" zu rufen. Aber als er es nun
zum dritten Male gethan, da konnte Paddin es vor Herzensangst
nicht länger aushalten, und aus Leibeskräften schrie er in dem
Augenblicke, als Nora zum dritten Male nieste: „Gesundheit!" —
und in demselben Augenblick fiel er, zum großen Erstaunen der
versammelten Gäste, mitten auf die Diele und war wieder der
gläserne Paddin, der er vorher gewesen.

Der armen Nora aber sollte es nachher noch sehr schlimm
ergehen. Denn der Ganconer hatte nun einmal sein Auge auf
sie geworfen und er ruhte nicht eher, als bis sein Helfershelfer,
der Capitain Dearg, der rothe Captain, durch seine geheimen
Künste und trotz aller Vorsicht, die ihre Leute dagegen anwenden
mochten, sie ihrem Elternhause entführt hatte. Charley Smith,
ihr Schatz, ging auf alle Berge und in alle Thäler, und rief nach
ihr und suchte sie; aber er konnte sie nicht wieder finden. Eine
weise Frau, die in Feengeschichten sehr bewandert war, rieth ihm,
er solle an den Carn gehen und laut sagen, er wolle ihn ver-
brennen, dann würden ihm die Feen und Kobolde, die darin wohnten, das gefangene Mädchen vielleicht wieder herausgeben. Aber
auch das war umsonst. Die arme Nora hätte da unten bleiben

können bis zum jüngsten Gericht, wenn sich nicht Folgendes zugetragen hätte. Nell Wilson war die berühmteste Hebamme im ganzen Lande; und eines Nachts, als sie zu Bett gehen wollte, da hörte sie einen donnernden Schlag an die Thür.

„Mach rasch, mach rasch!" rief eine Stimme von Außen, „mein Weib liegt in Kindesnöthen und befindet sich sehr schlecht; mach rasch, mach rasch!"

Nell that ihr Möglichstes und in zwei Secunden war sie unten und sprang auf das Sattelkissen hinter den Reiter, der auf sie wartete. Und fort ging's, wie Sturmwind; und sie hielten bald vor einem großen prachtvollen Gebäude, wie das eines Edelmanns. Nell machte ihr Geschäft leicht und glücklich ab. Die Dame ward von einem starken Knaben entbunden, und Nell ward reichlich für ihre Mühe belohnt. Man gab ihr das Beste, was Küche und Keller vermochten, und alsdann bekam sie ein kostbares Gewand, um es dem neugebornen Kinde anzuziehen, zuvor jedoch sollte sie das Kind mit einer Art von Oel einreiben, welches man ihr in einem Fläschchen reichte. Indem sie that, wie ihr geheißen, geschah es, daß ihr linkes Auge sie juckte, und da sie nun ihren Finger erhob, um es zu kratzen, da kam Etwas von dem Oel an ihre Wimpern, und — siehe! — da war es, als ob ihr auf einmal die Schuppen von den Augen fielen. Denn anstatt des schönen Palastes, den sie bisher gesehen, sah sie nur Höhlen und Löcher voll kleiner, häßlicher Ganconers, in deren Mitte sie einige ihrer ehemaligen Nachbarn erkannte, und unter Andern auch Schön Nora, die Tochter des armen Lukas Margareth's, des Müllers. Sie sagte Nichts, aber die Gelegenheit wahrnehmend, suchte sie in die Nähe Nora's zu kommen.

„Wie geht's Dir? Was machst Du?" raunte sie ihr hastig zu.

„O, sehr gut," antwortete Nora, „wenn ich nur von diesem Orte wegkommen könnte! Hebamme — um Gotteswillen.... sag Charley Smith, wenn er mich je geliebt, so solle er auf Allerheiligen-Abend kommen und mich befreien. Die weise Frau kann ihm sagen, was er thun soll.... Huisch! Es kommt Einer!"

Die Hebamme stellte sich, als ob Nichts vorgefallen sei; und als nun endlich Alles gethan war, weswegen sie hierherberufen, da sollte sie wieder nach Haus gebracht werden. Man hieß sie auf's Pferd steigen, und obwol sie Nichts sah, als einen Ganconer, der rittlings auf einem Binsenstengel saß, so that sie, wie ihr geheißen, und rasch ging's durch die Luft und bald stand sie wieder munter und wolbehalten vor der Thüre ihres Hauses! Sie hatte des Nachts keine Ruhe, und früh schon am andern Morgen ging sie, um Charley zu erzählen, was sie gesehen und gehört. Charley war eben nach dem Markt der nächsten Stadt fortgegangen, und, um keine Zeit zu verlieren, beschloß Nell ihm zu folgen und ihn dort aufzusuchen. Als sie auf den Platz kam, wo die Marktbuden standen, da sah sie wol zehntausend kleine Ganconers, die ihre rothen Kappen mit Kuchen, Aepfeln und Nüssen füllten, die sie aus den Buden stahlen, ohne daß Jemand es sehen konnte. Sie ging indessen zu einem von ihnen, den sie von der letzten Nacht her kannte und fragte: „Wie geht's Euch?"

„Sehr gut und danke schön!" war die Antwort.

„Wie geht's der Mutter und dem Kinde?" fragte sie wieder.

„Sehr gut und danke schön!" war die Antwort. „Aber wie kommt es, daß Du mich kennst?"

„Ei," sagte Nell, „war ich denn nicht gestern Nacht bei Euch?"

„Ja, ja," sagte der Ganconer, „aber wie siehst Du mich?"

„Mit dem Auge," war die Antwort.

„Mit welchem Auge?"

„Mit dem linken!"

Puff! — hatte Nell einen Schlag in's linke Auge, daß ihr Hören und Sehen verging. Als sie wieder zu sich selbst gekommen, da sah sie den kleinen Mann nicht mehr. Sie sah überhaupt mit dem linken Auge nie wieder; es blieb von dem Augenblicke an blind, bis zu ihrem seligen Ende.

Indessen traf sie nun Charley, erzählte ihm, was sie ihm zu erzählen hatte, und dieser machte sich unverzüglich auf den Weg zu der weisen Frau.

„Charley," sagte die weise Frau, „Nora wird auf Allerheiligen mit viel Tausend Andren dahergeritten kommen. Du sollst sie daran erkennen, daß sie ein weißes Kleid und auf der rechten Hand einen Handschuh trägt. Nimm nun einen Sack voll Sand, sowie eine Flasche voll Weihwasser und begieb Dich damit in der Nacht von Allerheiligen auf irgend einen Kreuzweg zwischen dem Carn und der Stadt Tara, woselbst Du einen Kreis um Dich herumziehen mußt. Und wenn nun Nora nahe genug gekommen ist, so erfasse ihre Hand und ziehe sie in den Ring hinein. Aber halte sie fest, und nimm Dich um Gotteswillen in Acht, daß sie Dich nicht aus dem Kreis herausziehen."

Charley that nach der Vorschrift der weisen Frau, und während die Anderen am Allerheiligenabend Kuchen aßen und nach Aepfeln duckten, begab er sich auf den Kreuzweg. Um 9 Uhr Abends kam ein Reiter dahergaloppirt.

„Platz da!" rief er, „ich bin der rothe Captain, und meine Leute werden Dich in Grund und Boden reiten, wenn Du nicht machst, daß Du da wegkommst!"

Bei diesen Worten standen Charley's Haare zu Berge wie Weidenruthen; aber da er ein beherzter Bursch war und an's Ende dachte, so bekreuzte er sich auf Brust und Stirn und beschloß, nicht von der Stelle zu weichen. Indem kamen nun die Schaaren heran und sausten ihm bei Tausend und Tausend vorbei. Er dachte, der Weg würde nie mehr leer werden, solch' ein Drängen und Reiten war es. Aber wie hoch schlug sein Herz, als er nun endlich Schön Nora, seine eigene Nora, ganz in Weiß gekleidet, des Weges heraufkommen sah. Als sie dem Ringe nahe gekommen war, streckte sie ihre rechte Hand mit dem Handschuh aus und Charley ergriff sie.

„Laß sie los!" rief einer von den rothen Gesellen.

„Ich werde sie nicht loslassen —!" entgegnete Charley und versuchte sie in den Kreis zu ziehen.

„Du mußt!" schrie der Andre, und zog sie wieder zurück.

„Ich muß nicht!" sagte Charley, der sich aus Leibeskräften bemühte, Nora zu sich herüberzuziehen.

Und so zogen und zerrten sie das arme Wesen um den Kreis herum, die ganze Nacht, bis der Hahn krähte; und in dem Augenblick, wo dies geschah, warf der Ganconer sie in den Kreis, aber sie war ohnmächtig und hatte das Bewußtsein gänzlich verloren. Freudig trug Charley seine geliebte Nora auf den Armen nach Haus; aber sie schlug die Augen nicht wieder auf, sie erkannte Keinen von den Ihrigen mehr, sie gab auf alle Fragen keine Antwort, und am andern Tage, vor Sonnenuntergang, war sie todt.

Dritte Abtheilung.

Dichtung.

Einleitung.

Die Zeit des irischen Heldengesangs reicht vom fünften bis zum eilften oder zwölften Jahrhundert. Die Bruchstücke, welche sich im Munde von Gebirgsschäfern des Westens bis zum heutigen Tag erhalten haben, oder aus den Pergamentconvoluten der Dubliner Bibliotheken neuerdings an's Licht gefördert worden sind, ergeben zwei Sagenkreise, den der **Ritter von Emania**, (Rothzweig-Ritter) deren Hauptheld Cuchullin ist, und den der **Finnier**, mit Fin Mac Cul, Oisin und Osgur. Diese letztere Dichtung, die sg. finnianische, ist seit dem Erscheinen des Macpherson'schen Ossians die Veranlassung eines heftigen Streites zwischen Irland und Schottland, und seit Anfang unsres Jahrhunderts ein Gegenstand eifriger gelehrter Forschung und Untersuchung für die celtischen Antiquare insgemein geworden. Die Frage ist noch nicht endgültig entschieden worden; doch scheint soviel festzustehen, daß bei der Colonisation Schottlands durch die Iren (vom 3. Jahrhundert ab) zugleich mit Sprache, Sitte und Sage auch der Volksgesang hinüberwanderte, welcher sich indessen in der neuen Umgebung und unter veränderten Verhältnissen eigenthümlich fortbildete. Die Helden sind dieselben geblieben, es sind die uns Allen bekannten Fingal, Ossian und Oscar; aber ihre Thaten sind zum Theil wesentlich andere geworden.

Zwei, dem irischen Epos fremde Elemente namentlich sind es, welche auf die schottische Fortbildung desselben von bestimmendem Einfluß gewesen sind: der Kampf mit den Lochlinsleuten, den Dänen, und mit den Römern in Britannien. Die Thaten der Finnier von Irland beschränken sich auf Clanzwistigkeiten und Fehden untereinander, auf Kämpfe gegen Riesen und Hexenmeister, um schöne Prinzessinnen zu befreien, auf Liebesabenteuer mit Feenköniginnen und zauberischen Frauen. Nur in wenigen Fragmenten, welche wie der Gesang von „Magnus dem Großen" nachweislich aus einer sehr späten Zeit stammen, finden sich vereinzelte Anklänge an Lochlin.

Die äußere Einkleidung der irischen Heldendichtung ist eine eigenartig dramatische, und augenscheinlich, mit ihrem Wechsel von Prosa und Versen, deutet sie darauf hin, daß sie von den Barden und Senachies (Erzählern) in den Hallen der Könige und Häuptlinge von Irland gewissermaßen mit vertheilten Rollen zur Begleitung der Harfen rezitirt wurde. Anknüpfend an die alte Sage von der Entführung Oisin's in „das Land der ewigen Jugend" (s. oben unter den Märchen), nachdem die Schlacht von Gabhra geschlagen und alle Finnier gefallen waren, und seiner Rückkehr, dreihundert Jahre später, als der heilige Patrick den neuen Glauben in Irland predigte: beginnen die finnianischen Gesänge regelmäßig mit einem Dialog zwischen dem Apostel und dem heidnischen Barden. Patrick versucht es, den alten, blinden Sänger zum Christenthum zu bekehren; und Oisin gedenkt schwermuthsvoll der Vergangenheit, den Tod seiner Freunde und ritterlichen Genossen beklagend. Alsdann, aufgefordert von Patrick, erzählt Oisin das eine oder andere Abenteuer derselben, in dessen Verlauf wiederum die dabei betheiligten Helden dramatisch hervortreten.

Diese Andeutungen müssen hier genügen. Die Heldendichtung von Irland, reich und buntfarbig wie sie auch sein mag, hat zunächst ein vorwiegend antiquarisches Interesse, und um sie dem größeren Publicum in ihrem ganzen Umfang poetisch zu vermitteln, ist die Zeit noch nicht gekommen.

Die Absicht dieses Werkes beschränkt sich auf die irische Lyrik, von den ältesten Zeiten bis auf die unsrigen, die Lieder des Volkes und die der kunstmäßigen Sänger, der zu einer akademisch geschulten und genossenschaftlich verbundenen Zunft der Barden, eingeschlossen. Da es aber das Epos ist, welches bis zum 12. Jahrhundert herrscht, und während der Zeiten, welche der anglo-normannischen Invasion unmittelbar folgen, der Gesang überhaupt verstummt scheint, so beginnt unsere Ausbeute eigentlich erst vom 14. Jahrhundert an. Für die Leidenschaft, Fülle und wehmüthige Schönheit dieser Lyrik sprechen die in unserer Auswahl mitgetheilten Stücke derselben, soweit es einer Uebersetzung möglich ist, für die Eigenschaften des Originals zu sprechen. Es bleibt nur noch übrig, über die äußerliche Eintheilung in irische und anglo-irische Lieder ein Wort hinzuzufügen.

Irische Lieder sind diejenigen, welche in der alten Sprache des Landes gedichtet und einst im ganzen Lande, jetzt aber nur noch in denjenigen Theilen desselben populär sind, wo diese Sprache entweder ausschließlich oder doch noch vorwiegend geredet wird, also in Südwesten und Westen von Irland. Der erste Versuch einer Sammlung solcher Lieder ist der von Walker in seinen „Historical Memoirs of the Irish Bards" (1786) und von Miß Broole in den „Reliques of Irish Poetry" (1788) gemachte; die reichhaltigste und werthvollste Sammlung ist James Hardiman's „Irish Minstrelsy" (2 Bde. 1831), und die neuste diejenige, welche Edmund Walsh unter dem Titel: "Irish Popular Songs" (1847) veröffentlichte. Montgommery's "Specimens of the early native Poetry of Ireland" (1846) verlieren dadurch an Werth, daß sie nur die Uebersetzungen, und nicht die Originale geben.

Anglo-irische Lieder sind im Gegensatz zu der ersteren Classe diejenigen, welche seit dem Absterben der irischen Sprache als Schriftsprache, zu Anfang des vorigen Jahrhunderts, unter der englisch redenden Bevölkerung von Irland entstanden sind und gesungen werden. Obgleich diese Gattung noch von außerordentlicher Jugend ist, so hat sie doch einen durch die Mischung ihrer Elemente höchst eigenthümlichen Charakter, und ihr Gebiet, bei Weitem größer als das der andren, umfaßt ganz Irland, so weit die Bevölkerung Englisch redet, oder es zu reden gelernt hat und noch lernt. An Sammlungen dieser Lieder ist kein Mangel; außer den, während meiner Wanderungen durch Irland nach dem Gehör aufgezeichneten oder gelegentlich auf Märkten als fliegende Blätter gekauften, habe ich für diesen Theil meines Werkes benutzt: Barry, "the Songs of Ireland" (1857), D. F. M'Carthy, "the Book of Irish Ballads" (1853), C. G. Duffy, "the Ballad Poetry of Ireland" (1857). Bei denjenigen jüngeren Dichtern, welche eigene Sammlungen ihrer Gedichte veranstaltet haben, sind natürlich diese benutzt worden. —

Durch die im Anhang enthaltenen Notizen über die Quelle jedes einzelnen der von mir mitgetheilten Gedichte denke ich dem Bedürfniß des gelehrten Theiles meiner Leser entsprochen zu haben; dem größeren Publicum gegenüber aber, wenn es sich durch die fremden Klänge einer im Untergang begriffenen Welt nur einigermaßen angesprochen fühlt, hoffe ich mit Ernest Renan ausrufen zu dürfen: „Ach! auch er ist verurtheilt zu verschwinden, dieser Smaragd der westlichen Meere. Sanct Patrick hatte Recht, wenn er zu Ossian sagte: „die Helden, welche Du beweinst, sind gestorben; können sie wieder aufleben?" — Es ist Zeit, ehe sie dahingehn, die erhabenen Klänge aufzuzeichnen, welche also am Horizonte vor dem wachsenden Lärm der gleichmäßigen Civilisation verhauchen. Wenn die Kritik nur dazu diente, diese fernen Echos zu sammeln und den Völkerstämmen, welche nicht mehr sind, eine Stimme zu leihen; würde nicht dies schon genügen, um sie von dem Vorwurf zu befreien, den man ihr zu oft und ohne Grund macht: Nichts zu sein, als verneinend?"

Irische Lieder.

1. Die Hymne des heiligen Patrick,

auf seinem Weg nach der heidnischen Maiversammlung im Königsschloß zu Tara.

(Aus dem 5. Jahrhundert.)

Zu Tara fleh' ich heut am Tag,
Daß mir zu Hülfe kommen mag
Die Macht, gewaltig und geweiht,
Der heiligen Dreieinigkeit.

Die heilige Dreieinigkeit,
Der Gott die Form der Einheit leiht,
So räthselhaft, und doch so klar:
Sie ist mein Glauben, fest und wahr.

Zu Tara fleh' ich heut am Tag
Das zwischen mich hintreten mag
Und meiner Feinde Arg und List,
Alles, was stark und heilig ist:

Christi Geburt und Erdennoth,
Seine Taufe und sein Kreuzestod,
Sein Auferstehn im Morgenlicht,
Seine Himmelfahrt und Weltgericht.

Zu Tara fleh' ich heut am Tag,
Daß zwischen mich hintreten mag
Und meiner Feinde List und Arg,
Die Tugend, die in Lieb' sich barg;

Die Tugend, die in Hoffnung wohnt,
Und einst mit Wiedersehn uns lohnt,
Die unsrer Väter fromm Gemüth,
Und alter Seher Aug' durchglüht;

Die der Apostel Wort erfüllt,
Und sich in's Märterthum gehüllt;
Der Jungfrau'n keusches Weiß verklärt,
Und Zauberschein dem Greis gewährt.

Zu Tara fleh' ich heut am Tag,
Daß zwischen mich hintreten mag
Und meiner Feinde Macht die Gluth,
So in dem Licht und Feuer ruht;

Die Kraft des Himmels und seines Heers,
Die Schnelle des Blitzes, die Tiefe des Meers,
Die Festigkeit des Erdbezirks,
Die Härte des steinigen Urgebirgs.

Durch Alles sei, was heut mir droht,
Gott selbst zu Tara mein Pilot;
Sei's Gottes Kraft, die mich berührt,
Und seine Weisheit, die mich führt.

Sein Auge sei's, das mich bewacht,
Sein Ohr, das meines Flehn's hat Acht;
Sein Wort, das mir Beredtsamkeit
Und meiner Zunge Worte leiht.

Auf Gottes Wegen sei mein Stand —
Links und rechts decke mich Gottes Hand;
Gottes Schild vor mir, rein und klar,
Und hinter mir Gottes Engelschaar.

Gegen Geisterschlingen und Sündenlust,
Gegen jeden Versucher in eigner Brust;
Gegen Jeden, der Unheil mir wünschte gern,
Allein — in Gesellschaft — nah und fern;

Gegen falsche Propheten und Zauberspruch —
Gegen Heiden und gegen Gesetzesbruch,
Gegen schwarze Lehren und Ketzerei,
Gegen Götzendienst, wie auch sein Name sei;

Gegen Hexen, Schmiede, Druidenwerk,
Gegen alle Künste von Riesen und Zwerg,
Gegen Alles, was unrecht und verstockt,
Die Seele des Menschen in's Dunkel lockt;

Gegen Gift und Feuer und Wasser mag
Christ mich beschützen an diesem Tag;
Mag Christ beschützen meine Bahn,
Bis, was ich thun soll, ist gethan.

Mag Christus leiten jeglichen Schritt mir,
Ueber mir sei er, unter mir, mit mir,
In mir, vor mir, hinter mir, rings —
Christus rechts und Christus links.

Christ zieh' in Derer Herzen still,
Zu denen heut' ich pred'gen will;
Christ sei in Derer Mund und Wort,
Die heute zu mir reden dort.

Christ soll in jedem Auge sein,
Das auf mir heute ruht mit Schein;
In jedem Ohr, das heut vielleicht
Andächtig meinem Wort sich neigt.

Zu Tara fleh' ich heut am Tag,
Daß mir zu Hülfe kommen mag
Die Macht, gewaltig und geweiht,
Der heiligen Dreieinigkeit.

Die heilige Dreieinigkeit,
Der Gott die Form der Einheit leiht,
So räthselhaft und doch so klar:
Sie ist mein Glauben, fest und wahr.

Gott der Herr ist unsre Hülfe!
Gott der Herr ist unsre Hülfe!
Gott der Herr ist unsre Hülfe!

Herr! sei deine Hülfe hier
Stets mit uns, das bitten wir.

2. Eilin a Run.

Von Carol O'Daly.

(14. Jahrhundert.)

Ich liebe Dich treu und wahr,
           Eilin a Run;
Ich segne Dich immerdar,
           Eilin a Run.
O, Deinethalb will ich gehn
Bis wo an den blauen Seen
Die Hügel des Westens stehn
           Eilin a Run.

O sag, wie erring' ich Dich,
           Eilin a Run?
O sag, wie bezwing' ich Dich,
           Eilin a Run?
Ich zöge um Dich ja gern
Durch Berg und Thal, noch so fern,
Du bist ja mein süßer Stern,
           Eilin a Run.

O sag, willst Du mit mir ziehn,
  Eilin a Run?
O sag, willst Du mit mir fliehn,
  Eilin a Run?
„Hier bin ich in Reiseschuhn!
O sag mir, was soll ich thun —
O sag mir, was soll denn nun
  Eilin a Run?"

Ein tausend Willkommen Schatz,
  Eilin a Run!
Ein tausend Willkommen Schatz,
  Eilin a Run.
Willkommen aus treuem Sinn —
O, was ich hab', was ich bin . . . .
Nimm Alles, nimm Alles hin,
  Eilin a Run.*)

---

*) **Eilin a Run:** Eilin, Helene mein Herzensschatz.

3. Der Untergang der Gaelen.

**Elegie von Fearflatha O'Gnive,
Ober-Barden der O'Rials von Claneboy.**

(16. Jahrhundert.)

Mein Herz seufzt in Nacht,
Meine Klänge trüb im Wind verhallen;
Unser Stolz, unsre Macht
Ist zertreten, ist zerfallen.

Der Gaelen herrlich Reich
Ist beraubt aller Ehren;
Seine Söhne, müd und bleich,
Sind wie Pilger, die heimkehren.

Oder Männer, auf der Flucht
Von dem unheilvollen Schlachtgefilde,
Die sich bergen in der dunklen Schlucht,
In der Einsamkeit und in der Wilde.

Oder Seeleute auf dem Meer,
Wenn der Sturm rast und das Wetter;
Wenn die Wogen, dumpf und schwer,
Einstürzen durch die lecken Bretter.

Oder Männer, die den Fetsch geschaut,
Und nun todesmüd auf ihren Betten —
Also liegen wir, von Nacht umgraut,
In unsrer Feinde Ketten.

Unser Muth wurde Furcht,
Unser Adel sitzt auf Trümmern;
Unser Antlitz ist gefurcht,
Unsre Schönheit muß verkümmern.

Auf unsern Häuptern liegt ein Dunst,
Eine Wolke, rauh und frostig;
Mistönig ward die Harfe unsrer Kunst,
Und das Schwert des Ruhmes ward rostig.

Von der Boyne bis zum Linn
Hat den Befehl man ausgeschrieben:
Daß alle Kinder Finn
Von der Heimath sollten sein vertrieben.

Daß des Königs Söhne — so gering
Machte der Verrath sie der Feinde! —
Nicht mehr reiten sollten den Ring
Vor der eigenen Gemeinde;

Nicht mehr jagen, wo sich in der Schluft
Die Hügelfüchse ducken, die gescheuchten;
Noch schleudern in die Luft
Den Stoßfalk, dessen weiße Flügel leuchten.

Denn gebrochen werden soll der Plan,
Und des Fremden Pflug zerreißt die Flächen;
Und der Maurer haut sich seine Bahn,
Und die Bäume stürzen und die Wälder brechen.

Auf grünen Bergen, unter'm Felsenthor,
Bau'n sie Kerker, die Sachsenwichte;
Auf dem heil'gen Hügel von Rathmore
Sitzen sie zu Gerichte.

Der Gaele kennt nicht mehr
In der Wildniß, unter'm nackten Stamme
In der rothen Thalschlucht, wüst und leer,
Seiner Kindheit alte Amme.

Die Mutter sieht ihn fragend an,
Zaghaft kommt sie ihm entgegen —
Ach, sie weiß nicht, daß der bleiche Mann,
Einst als Kind an ihrer Brust gelegen.

Hungers sterben wir am eignen Tische fast,
Wir verdursten in der eignen Halle —
Denn der Wirth ist jetzt Gast,
Und der Herr ist jetzt Vasalle.

Laßt uns schweifen in die Welt hinaus,
In die Wüste, auf das wilde Meer hin —
Wir sind fremd in unsres Vaters Haus,
Wir sind Flüchtlinge in Erin.

Und Erin ist ein Boot,
Muß auf wilden Wassern schwanken —
Ueber uns steht stürmisch Abendroth,
Und geborsten sind schon die Planken.

Und der Sturm bricht los und im Meeresioll
Sind gefangen wir, die Wogen wachsen;
Und du armes, ach du armes Irenvolk,
Ueber Dir zusammenschlägt die Fluth der Sachsen.

4. Das theure Land Mayo.

Heißt auch „Thomas Flavell's Klage", da es von einem Barden dieses Namens gesungen ward.

(17. Jahrhundert.)

Ich saß in großem Weh an Deck von Patrick Lynche's Boot,
Ich seufzte wol den ganzen Tag, bis an das Abendroth.
Und wär's um meine Leute nicht, die ich verlasse so:
Ich sänge wol zu Deinem Ruhm, geliebtes Land Mayo!

Da ich zu Haus in Fülle saß, auf meinem eignen Grund,
Wie oft bei schönen Mädchen ging mein spanischer Weinkrug rund.
'Sist wol ein bitter Loos — noch jüngst so lustig und so froh,
Und nun zu Schiff nach Santa-Cruz, weit von dem Land Mayo.

Die Mädchen auch sind anders jetzt, als in der alten Zeit,
Sie knoten ihre Haare auf, und schürzen hoch das Kleid;
Sie gehn vorbei und merken's kaum, daß ich voll Gram entfloh,
Und daß ich ziehn und lassen muß mein süßes Land Mayo.

Mein Gram ist, daß Patrick Loughlin nicht Herr in Irland heißt,
Daß Brian Duffy's Hügelschloß veröbet und verwaist;
Und daß der eble Oberst Hugh Mac Grady liegt auf Stroh,
Und daß ich segeln, segeln muß von meinem Land Mayo!

5. Todtenklage.

(Verfasser und Zeit der Entstehung unbekannt.)

Hier sitz' ich, hier lieg' ich
Auf Deinem Grab, dem kalten;
Ach, könnt' ich mit meiner Hand,
Ewig die Deine halten!
Meine Liebste, meine Beste
Umschlössen uns Beid' die Bretter —
Ich trag' an mir schon Erdgeruch,
Bin schon ganz starr vom Wetter.

Dies Herz, das Dir geschlagen,
Ist müde, wund und traurig;
Und vor mir die Ferne,
Gähnt nächtig-schwarz und schaurig.
Wenn der Tod kommt, will ich jubeln:
Oeffne mir der Liebe Thore;
Auf den Schwingen des Wirbelwinds
Will ich fliegen in die wilden Moore.

Wenn die Leute meines Hauses glauben,
Daß ich läg' im Schlafgemache —
Auf Deinem Grab bis zum Morgen
Halt' ich einsam dann die Wache.
Meinen Kummer seufz' ich in den Nachtwind, —
O, daß Du so früh gestorben!
Und Du warst doch mein und Dein süßes Herz
Hatt' ich mir doch ganz erworben!

Gedenk' an jene Herbstnacht —
Ach, die letzte, eh' Du gingst nach Oben! —
Wol unter dem schwarzen Schlehenbusch
Da die Winde eisig schnoben —
Nun Lob sei dem Heiland —
Keine Sünde hat befleckt Dich;
Und die Glorie Deiner Unschuld
Du todte Jungfrau, bedeckt Dich!

Die Priester und guten Mönche,
Die mögen mich wol schelten,
Daß ich eine Jungfrau liebe,
Die schon in andren Welten.
O, daß ich Dich könnte schirmen,
Wenn kalte Stürme wüthen!
O, könnt' ich Deine Locken
Durchflechten mit Myrthenblüthen!

Ach, ach um Vater und Mutter,
Die noch so fröhlich gestern!

Und ach um die Verwandtschaft,
Um Brüder und um Schwestern!
Sie haben Dich all verlassen
Im Grab hier unter den Weiden —
Ich aber sitze und weine hier
Und kann von Dir nicht scheiden!

———

6. Kälber auf der Weide.

(Verfasser und Zeit der Entstehung unbekannt.)

Am Sommerabend in Wild und Wald
Ließ ich die Kälber weiden;
Einen schönen Hirten sah ich bald
Einen Hirten auf grünen Haiden.
„Laß unsre Heerden zusammen gehn
„Zusammen sitzen uns selber —
„Und früh wenn die Lüfte des Morgens wehn,
„Treiben wir heim die Kälber.

„Da wächst ein Baum in der Wildniß tief,
„Wir wollen uns setzen darunter.
„Der Kuckuck in seinem Laub entschlief,
„Keine Blume mehr ist munter.
„Sie schlafen und küssen sich nur im Traum,
„So schlafen und küssen wir selber;
„Und röthet der Morgen den Himmelssaum,
„Treiben wir heim die Kälber."

Ach, meine Kälber trieb ich hinaus —
Nun irren sie, unvereinet;
Mein Vater, der ruft sein Kind zu Haus,
Und meine Mutter, die weinet.
Doch hier, wo wir liegen, grünt's voller als je
Die gelben Blumen blühn gelber —
Und morgen — ach, morgen! — voll Scham und Weh
Treiben wir heim die Kälber!

7. Caschel in Munster.

(Verfasser und Zeit der Entstehung unbekannt.)

Ohne Gut und Geld, ohne Acker und Feld wollt' ich gern Dich frei'n,
Deine Liebe sollt', wenn die Sippschaft wollt', mein Reichthum sein.
Du mein Schmerz, mein Leid! O, daß wir Beid' in der Stadt
    zu Caschel wären,
Ob ein nacktes Brett auch das Hochzeitsbett — ach, so nackt und
    baar aller Ehren.

O komm, meine Braut, wo das Haidekraut an den Hügeln sprießt;
Unter Blüthenpracht sollst Du schlummern sacht, wo das Wasser fließt.
Wo die Brünnlein gehn, wo die Rosen stehn, da wollen wir wandeln
    und schweifen;
Wo der grüne Wald von dem Echo hallt, wo die Drosseln schlagen
    und pfeifen.

In der Kirche war es wo ich Dein klares Auge sah glühn.
Du lagst im Gebete, Dein Haupt umwehte ein Schleier grün.
In langen Falten die Kleider wallten, mit Bändern reich um-
    wunden —
Ach, daß wir Beide auf öder Haide als Bettler uns nicht gefunden!

Wär' ein Ritter ich und säh' im Moor ich Dich verlassen irr'n:
Höb' ich Dich auf's Roß, trüg' ich Dich in's Schloß, küßt' Dir
Aug' und Stirn.
Wär' ein König ich und säh' ich betteln Dich einsam im Menschen-
schwarme:
Führt' ich Dich zum Thron, gäbe Dir die Kron' und nähme Dich
in meine Arme!

8. Molly Astore.

(Verfasser und Zeit unbekannt.)

O Herz-Marie! Du Blümlein hold,
Du Stolz des Thals von När —
Glaubst Du, daß wie die Zeit auch rollt,
Dein Bild nicht bei mir wär?
Und bist Du fern, und kreist der Wein, —
Er macht mich fröhlich nie:
Ich sitze da und denke Dein,
Und seufz' um Dich, Marie!

Den Kuckuck hör' ich gar so gern,
Wenn warm der Sommer lacht;
Wenn grün die Welt und nah und fern
Erfüllt von Blumenpracht.
Das Vöglein singt manch' Melodie
Im Wald voll Sonnenscheins —
Sein Lied ist süß, doch ach! Marie,
Nicht halb so süß als Deins.

Von Stadt zu Stadt im Frühlingswind
Ging ich manch' eine Meil';
Ich traf auch manch' ein blühend Kind,
Und liebt' es eine Weil'.
Doch ob ich auch manch' Aug' geschaut:
Da bin ich wieder — sieh!
Denn keines ist so lieb, so traut,
So blau wie Deins, Marie!

9. Nelly Ban.

(Verfasser und Zeit unbekannt.)

O setz Dich zu mir, Nelly Ban, laß Deinen Hals mich küssen,
Und wehrst Du mir, mein goldig Lieb, so werd' ich sterben müssen.
Für Dich wol schwämm' ich durch den Suir und Shannon hin,
    — denn sieh!
Das schönste Mädchen bist Du ja am bläulichen Loch Rie.

Wär' mein die Stadt am bläulichen Loch Rie — Portumna's Gassen,
Die Stadt Dublin, sammt Limerick — ich wollt' sie gerne lassen.
Dieß Alles und noch zehnmal mehr gäb' gern ich Deinem Clan,
Könnt' ich dafür gewinnen Dich, Du süße Nelly Ban.

Nun lieber Shannon, meinen Gruß trag hin nach Connaught's
    Haiden,
Und grüße mir mein goldig Lieb, von dem ich mußte scheiden.
Auf Thomond's düstrem Hochgebirg da pflegt' ich sie zu sehn —
Nun rauscht der Shannon zwischen uns, kann nicht hinüber gehn.

Ach, lieber als auf flinkem Roß im Hochgebirg zu pirschen,
Und lieber als der grüne Wald mit allen seinen Hirschen,
Und lieber als die Schiffe all im Port von Limerick,
Wär' mir am bläulichen Loch Rie von Dir, mein Schatz, ein Blick.

O, wär' ich todt und läge schon auf Hügeln fern begraben!
O, flögen um mein Grab schon rund die Geier und die Raben!
Weil ich Dich liebe, Nelly Ban, so heiß und inbrunstvoll,
Und Deine Mutter sagt, daß ich ihr Sohn nicht werden soll.

10. Warst du in Carrick?

(Verfasser und Zeit unbekannt.)

Warst Du in Carrick und sahst Du mein Treulieb dort?
Sahst Du ihr Antlitz, vernahmst Du ihr süßes Wort?
Sahst Du den Apfelbaum prangen in Blüthenzier —
Sahst Du mein Mädchen und seufzt sie in Gram gleich mir?

Ich war in Carrick und sah auch Dein Treulieb dort.
Ich sah ihr Antlitz und hörte ihr süßes Wort.
Ich sah den Apfelbaum prangen in Blüthenzier —
Ich sah Dein Mädchen; sie seufzt nicht in Gram gleich Dir.

Fünf Guineen ist jegliche Locke werth —
Wär mir ein Kissen von solch goldnem Haar bescheert,
O, wie dann wollt' ich in ewiger Wonne ruhn!
Und also trink ich hier auf Deine Schönheit nun!

Lieg ich des Nachts auf dem Lager — ach Gott, wie schwer
Ist dann mein Herz! Und wie werf' ich mich hin und her!
Ach es weiß Einer nur, wie ich so lieb Dich hab —
Einer nur, Einer nur — der schaut in's Herz hinab.

Eh' nicht der gelbe Herbst fällt in die Osterzeit,
Eh' nicht St. Patrickstag sich an die Pfingsten reiht,
Eh' nicht auf meinem Grab roth blüht der Nelkenstrauch,
Laß ich mein Lieb nicht, und wollt' es der König auch!

---

11. Culin.

Wahrscheinlich von Maurice O'Dugan, einem Barden um 1641.

O, habt Ihr gesehn mein Culin*),
Und ging sie, wo der Kuckuck singt,
Wo das grüne Gras mit dem frischen Thau
Um ihren weißen Fuß sich schlingt?
O, sie ist mein Lieb und mein Culin,
Und wohnt in Balnagar,
Die schönsten Augen hat sie, und
Das allerschönste Haar.

In Balnagar ist mein Culin,
Und trägt einen schönen rothen Rock;

---

*) Culin ist das webende Seitenlöckchen, welches einen Theil der altirischen Tracht bildete und in einem um 1295 in Dublin gehaltenen Parlamente verboten ward. Nur einige wenige irische Häuptlinge, welche in der Nähe des englischen Regierungssitzes lebten, gehorchten, und schnitten ihre Locken ab; die Uebrigen aber trotzten dem Verbot bis in die Zeit Heinrich's VIII. Seitdem nannte der irische Jüngling seine Geliebte, das irische Mädchen seinen Geliebten im Gegensatz zu den Englischen, mit welchen jedes Liebesbündniß verabscheut wurde: „Culin". (Vergl. Dublin Penny Journal. cit. in dem „Book of Irish Ballads", 199.)

Die Schönheit wohnt an ihrer Brust,
In ihrem braunen Haargelock.
Und ihr Gesang ist süßer,
Als Lerch- und Drosselsang;
Ja süßer, als die Amsel singt,
Bei Sonnenuntergang.

Nun auf, mein Knapp! und sattle
Mein Roß, damit ich reiten kann,
Wol durch den Wald, wol durch das Thal,
Wol durch den Fluß den Berg hinan.
Nun angesetzt, mein Rößlein,
Die Flanken hoch bei Sporenbruck;
Ich hab' sie neunmal lieber ja
Als Orgel und Kuckuck.

Seit meinen frühen Jahren
Hab' ich geliebt mein süßes Kind,
Bis daß mit Reden allerlei
Die Leut' dazwischen kommen sind.
Nun ist mir weh und bange,
Und weinen möcht' ich Tag und Nacht,
Daß sie mit ihren Reden mich
Um meinen Schatz gebracht.

Denkst Du daran, mein Culin,
Wie wir einst saßen, nachtumgraust,
Beim Eschenbaum, im Wintersturm,
Als über uns der Wald gebraust?

Wir saßen arm und elend
Bei Nebel, Nacht und Eisgetropf;
Meinen Rock den schlugen wir um den Fuß,
Deinen Mantel um den Kopf.

12. Pasthin fionn.

(Verfasser und Zeit unbekannt.)

Mein schön Pasthin ist all meine Lust;
Wenn ich sie seh, wie klopft mir die Brust!
Augen so blau, und der Busen Blüthenschnee —
Und ihr Hals stolz, wie der Schwan auf dem See.
  Oro, drum komm zu mir! komm zu mir! komm zu mir!
  Oro, und komm zu mir! komm, braunes Kind!
  O, und ich ging wol durch Wetter und Wind,
  Wenn Du wolltest kommen zu mir, braunes Kind!

Lust meiner Seele — mein schönes Pasthin!
Röslein, das hat ihr die Farben geliehn.
Farbe zur Wange, und Farbe zum Mund —
Könnt' ich sie küssen, allüber und rund!
  Oro, drum komm zu mir! :c.

Wär' in der Stadt ich, wo Lust ist und Spaß,
Oder auch säß' ich am vollen Whiskeyfaß;
Hätt' ich mein schönes Pasthin auf dem Knie:
Tausend Glas wollt' ich wol trinken auf sie!
  Oro, drum komm zu mir! :c.

Neun Nächte lag ich in Sehnsucht und Pein
Unter dem Regen, bei Busch und bei Stein;
Unter dem Regen, mein schönes Pasthin,
Hab' ich gepfiffen, gerufen, geschrieen.
 Oro, drum komm zu mir! ꝛc.

Lassen mein Volk will ich, Freund, Haus und Feld,
Ansehn kein Mädchen mehr in der ganzen Welt.
Aber Dich geb' ich, Dich geb' ich nicht frei,
Bis daß ich todt bin und Alles vorbei!
 Oro, drum komm zu mir! komm zu mir! komm zu mir!
 Oro und komm zu mir! komm, braunes Kind!
 O, und ich ging wol durch Wetter und Wind,
 Wenn Du wolltest kommen zu mir, braunes Kind!

13. Braundorn.

(Verfasser und Zeit unbekannt.)

Und wähnen sie auch, daß gewonnen ich sei,
Wenn mir huldigt ihr Blick, wenn ich lächle dabei:
Wenn ich dessen gedenk', dem so gut ich ja bin,
Dann ist Alles umsonst, dann ist Alles dahin.

Welche Schätze der Wonne verbirgt mir sein Mund!
Welchen Reichthum der Hoheit der Stirn stolzes Rund!
O, vor allen Andern steht hoch er und vorn,
Er ist wie die Blüthe am luft'gen Braundorn.

O, gingen die Andren, die Diener des Scheins!
Sie rühren wol nimmer ein Herze wie meins.
Sie klagen in Prosa, sie wimmern im Reim,
Indeß trägt mein Liebster die Braut lächelnd heim.

'S ist kein eiteles Ding, das mit Thorheit ihn quält,
Kein Putzpüppchen, das sich mein Liebster erwählt;
'S ist Eine, die treu ist und zärtlich und still,
Und lieben und hegen und pflegen ihn will.

Ob klein von Gestalt auch mein Liebster mag sein:
Wenn er freundlich mir zulacht, dann ist er nicht klein.
Im Garten gibt's Bäume, großmächtig und stolz:
Doch es kommt auf die Frucht an, und nicht auf das Holz.

Wenn ich aufsteh' früh Morgens, eh' hin ist der Thau,
Dann wandert mein Blick durch das Feld und die Au,
Zum Liebsten, den nie so genannt noch mein Mund:
Denn rechte Lieb' gibt nur durch Blicke sich kund.

14. O Mädchen mit dem braunen Haar!

(Verfasser und Zeit unbekannt.)

O, wenn Du kommst nach Leitrim, wol in die grünen Flächen,
      O Mädchen mit dem braunen Haar!
So woll'n wir Honig essen und trinken aus den Bächen,
      O Mädchen mit dem braunen Haar!
So zeig' ich Schiff' und Segel Dir, die fern vorübergehn,
Und bau' ein kleines Hüttlein hier, am Rand der blauen See'n,
Und Liebe soll und Frühlingsluft Dich ewiglich umwehn,
      O Mädchen mit dem braunen Haar!

Nach Leitrim, o nach Leitrim mag ich mit Dir nicht reisen,
      Ich Mädchen mit dem braunen Haar!
Kommt nun der bleiche Hunger, kann mich Dein Lied dann speisen,
      Mich Mädchen mit dem braunen Haar?
Viel lieber will ich leben so, will sterben so als Magd,
Als wandern durch den feuchten Forst, in dem es nimmer tagt;
Und daß Du mein Geliebter bist, hab' ich Dir das gesagt,
      Ich Mädchen mit dem braunen Haar?

Wol über dem Gebirge hab' ich sie einst getroffen,
  Sie schien mir als ein Sternlein klar —
Wir stiegen, weil ich liebend ihr sprach von meinem Hoffen,
  Zum Feld, wo ihre Heerde war.
Und dorten unter'm Hagedorn, da saßen wir im Klee.
Da hab' ich ihr versprochen, zu tragen Lust und Weh
Und Alles, was um unsre Lieb' ihr von der Welt gescheh',
  Dem Mädchen mit dem braunen Haar.

Ach, ach mein Herz ist traurig, daß es Dir muß entsagen,
  O Mädchen mit dem braunen Haar!
Daß ich Dich nicht mehr küssen soll im Klee dort unterm Hagen,
  O Mädchen mit dem braunen Haar.
Durchwandern muß ich nun allein die lange Sommernacht —
Was soll mir nun der Mondenschein? Und was der Sterne Pracht?
Die Eine ist ja nicht mehr mein, die Alles schön gemacht,
  O Mädchen mit dem braunen Haar!

15. Das Bootlied.

(Verfasser und Zeit unbekannt.)

Barke, Du bietest den Wogen mir Trutz,
Bist bei dem Donner des Sturmes mein Schutz.
Wenn röthlich die Welle aus tiefem Grund bricht,
Dann zittert der Mast, doch mein Schiff zittert nicht.

Chor.

Ob die Tiefe auch droht — ohne Rast, ohne Ruh!
Werry a-rún — mein Schatz bist Du.
Ohne Rast, ohne Ruh — ob die Tiefe auch droht,
Schwimme nur, schwimme nur, schwimme mein Boot!

Flattert die Leinwand so schneeweiß und leicht —
Ist an den Küsten von Indien gebleicht.
Sieh den Patron, der am Bugspriet sitzt —
Ist aus der Eiche des Urwalds geschnitzt.

Chor.

Ob die Tiefe auch droht, ꝛc.

Irische Lieder.

O Dielion, vom Sturm Du zerwettertes Riff —
Blick' nieder und sieh auf mein schwimmendes Schiff,
Und sag', ob ein Boot Du wol jemals geschaut,
Dem nie, wie dem meinen, vor Sturm noch gegraut?

Chor.
Ob die Tiefe auch droht, :c.

Da sagte alt Dielion: Jahrhunderte lang
Steh' ich und seh ich die Meerbucht entlang;
Doch niemals noch sah ich ein Schifflein, wie Deins,
Und besseres Schiffsvolk auch sah ich noch keins.

Chor.
Ob die Tiefe auch droht, :c.

Himmlischer Vater! — ein Boot schießt heran!
Und wir sind im Gischt, wo Niemand helfen kann.
Nun führ' uns in Gnaden, nun sei unser Hort,
Sonst mit Mann und mit Maus geht es über uns fort.

Chor.
Ob die Tiefe auch droht — ohne Rast, ohne Ruh!
Werry a-rún — mein Schatz bist Du!
Ohne Rast, ohne Ruh — ob die Tiefe auch droht,
Schwimme nur, schwimme nur, schwimme mein Boot!

16. Wär' ich —

(Verfasser unbekannt. — Ende des 17. Jahrhunderts.)

Wär' ich am Zweig die reife Frucht,
Die dorten leuchtet, sanft und still;
Die Deinen Blick zu fesseln sucht,
Und Dir am Munde sterben will.

Wär' ich die Rose dort im Laub,
Die über Deinem Lager glüht,
Und, nach der flücht'gen Wonne Raub,
Selig am Busen Dir verblüht.

17. Marie Maguire.

Von Carolan.

(18. Jahrhundert.)

O, daß ich könnt' mit meiner Liebsten fliehn
Tief in's Gebirg, zu einer schattigen Stelle,
Wo Alles still, bis auf die Melodien
Der Drossel und das Murmeln einer Quelle;
Die unbetreten von des Fremdlings Fuß
Und unberührt von den Verwandten bliebe;
Wo nur die Sonn' verstohlen ihren Gruß
Uns bringt, und unser Tagwerk Nichts als Liebe.

Wie schön, von Deiner Anmuth sanft umglüht
Schwebst Du dahin in thau'ger Morgenfrische;
Es wallt Dein Haar, und Deine Wange blüht
Der Rose gleich im dunkelnden Gebüsche.
O, einsam sei das Leben, öd der Herd,
Trostlos die Nacht des Manns, der auf die Kniee
Nicht vor Dir niedersinkt und Dich begehrt,
Und wenn Du sein, Dich lassen kann, Marie!

18. Claragh's Klage.

Ein jakobitisches Lied.
Von John Mac Donnell.

(18. Jahrhundert.)

Mein Auge weint, mein Herz ist schwer,
Ich habe mein Hoffen all' begraben;
Mein Liebling floh ja über's Meer,
Und keine Nachricht kommt vom Knaben.

Chor.

Mein Herz, es tanzte so lang er nah,
Mein Held! Mein Kaiser! Mein Cavalier!
Doch seit er gewandert und nicht mehr da
Seitdem ist mein Herz auch ferne von hier.

Der Kuckuck klagt im Waldverhau,
Die Männer, die noch hier geblieben,
Sie weinen Thränen, schwer wie Thau,
Um ihren Liebling, der vertrieben.

Chor.

Mein Herz 2c.

Stumm sind die Sänger, hin der Glanz
Und hin der Ton der goldnen Saiten;
Die hellsten Augen unsres Lands
Sind dunkel nun für alle Zeiten.

Chor.

Mein Herz 2c.

Der tapfre schöne Cavalier —
Sein Herz ist leicht, sein Blick ist gütig;
Sein Schwert das blitzt, und in's Revier
Der Feinde bricht er heldenmüthig.

Chor.

Mein Herz 2c.

Nunmehr ist Alles still — der Saal
Dröhnt nicht von lust'gem Festgetriebe;
Kein Jagdgeschrei schallt durch das Thal,
Seit fern der Jüngling unsrer Liebe.

Chor.

Mein Herz 2c.

Ich nenn' ihn nicht, jedoch sein Ruhm
Zieht, wie die Sonn', von Strand zu Strande;
Mit ihm ging Irland's Ritterthum,
Mit ihm kehrt einst zurück es unsrem Lande.

Chor.

Mein Herz, es tanzte so lang er hier —
Ach! wo blieb der junge Cavalier?
Er ist ferne von hier, beklagt, beweint —
Rechtlos vertrieben von unsrem Feind.

19. Drimin Dubh, O!

Ein jakobitisches Lied.

(Verfasser unbekannt. — 18. Jahrhundert.)

Ach, Drimin Dhu dilisch — Du schwarzbraune Kuh,
Ach, lebt Dein Volk noch, oder ging es zur Ruh?
Sie liegen im Moorgrund — im Tode noch froh
Erwarten den König sie, Drimin Dubh, O!

Ach, könnt' mit der Krone den König ich sehn!
Bei Nacht und bei Tag wollt' nach London ich gehn,
Ueber Berge, durch Nebel und Moos, bis ich so
Auf der Kesselpauk' schlagen könnt' Drimin Dubh, O!

Willkommen in Irland, willkommen zu Haus!
Komm, trinke den Meth — komm, und ruhe Dich aus.
Und gingst Du auf's Neue — ich frage nicht wo —
Ich ginge mit Dir ja, ach Drimin Dubh, O!

20. Auf den Trümmern der Abtei von Teach-Molaga.

Elegie von John O'Cullane.

(19. Jahrhundert.)

Als ich hinschritt, trüb und einsam,
An dem grauen Strand der See,
In Gedanken meines Volkes,
Meines Landes ganzes Weh:

Sieh! da traten Mond und Sterne
In den Himmel, und ihr Schein
Klärte sanft die dunklen Fluthen,
Und sie strahlten silberrein.

Weiter ging ich — ach, was galt mir's,
Wohin sich der Fuß gewandt?
Bis auf Einmal ich vor einer
Offnen Kirchenthüre stand.

Aus den Trümmern und Ruinen
Hob sich noch das Steinportal,
Wo der Blinde, wo der Krüppel
Oft empfing das Gnadenmahl.

Irische Lieder.

Hier, am grauen Strebepfeiler
Sah ich noch die alte Bank,
Wo der Mönch empfing den Wandrer,
Der hier müde niedersank.

Da auch saß ich trauernd nieder,
Meine Stirne in der Hand,
Bis die Thräne, heiß und bitter,
Niedertropfte in den Sand.

Einst — so sprach ich unter Thränen,
Und mein Herz that bitter weh —
Einst war Glanz in diesen Hallen,
Die ich jetzt in Trümmern seh.

Glocken tönten, und es dröhnten
Diese Mauern voll und klar;
Psalme singend, Weihrauch schwingend
Wandelte der Mönche Schaar.

Dunkler Kreuzgang, leere Kanzel,
Oeder Chor, gebrochner Thurm —
O wie lang in finstren Nächten
Rüttelt wol an Euch der Sturm?

Bittrer Sturm und bittres Wetter
Hat zerschlagen Euer Dach;
Und nur ein'ge morsche Bretter
Faulen noch im Steingemach.

Heilig Haus mit Efeugiebeln,
Einst des Landes Stolz und Ruhm —
Ach, die Schaar mit Kreuz und Bibeln
Hat kein Haus, kein Heiligthum!

Hauslos wandern sie durch Moore —
Und, statt freud'ger Psalmen, ächzt
Nur der Nachtwind; und im Chore
Nur der Todtenvogel krächzt.

Efeu rankt um das Gemäuer,
Und der Nesseln Stachelwuchs;
Wo einst lohte traulich Feuer
Tropft das Wasser, heult der Fuchs.

Wo die Lerche einst zur Messe,
Guten Mönche, Euch geweckt,
Hat nun in der kahlen Esse
Sich ein Dohlennest verstedt.

Zellen, wo sie heilig wohnten,
Kammern, Refectorium —
Gänge, Hallen, Küche, Keller . . . .
Alles kalt und Alles stumm.

Fort der Abt und fort der Orden,
Die Altäre stürzten ein;
Und in ihren Trümmern modern
Todtenschädel und Gebein.

Einstens war auch ich ein Andrer,
Und das Leben lachte mir —
Aber nun, ein müder Wandrer,
Sitz' ich auf Ruinen hier.

Als ein Tauber und ein Blinder
Irr' ich noch in Nacht und Noth;
Meine Freunde, meine Kinder,
Meine ganze Welt ist todt.

Und ich bin allein geblieben,
Und ich trag' es still und fromm —
Geist der Freiheit, Geist der Lieben,
Der mich heimführt, komm — o komm!

Anglo-Irische Lieder.

Volkslieder.

1. Schan ban boch.
(Die arme, alte Frau.)

(Revolutionsgesang aus dem Jahre 1797, als das Invasionsgeschwader der französischen Republik in der Bantry-Bai landete.)

Die Franzosen sind auf See!
Sagt die Schan ban boch;
Die Franzosen sind auf See!
Sagt die Schan ban boch.
Sind auf See! Sind in der Bai!
Schiff auf Schiff! und Reih' auf Reih' —
Nun Orange ist's vorbei,
Sagt die Schan ban boch.

Chor.
O, Franzosen in der Bai!
Landen hier beim Hahnenschrei —
Nun Orange ist's vorbei,
Sagt die Schan ban boch.

Und wo lagern sie im Feld?
Sagt die Schan ban boch.
Ja, wo lagern sie im Feld?
Sagt die Schan ban boch.
Auf dem Currach von Kildare!
Unsre Jungen all' in Wehr
Sind daselbst mit Spieß und Speer,
Sagt die Schan ban boch.

Chor.

Nach dem Currach von Kildare
Ziehn die Jungen, all' in Wehr,
Zieht Lord Edward, kühn und hehr,
Sagt die Schan ban boch.

Und was woll'n die Pächter thun?
Sagt die Schan ban boch.
Und was woll'n die Pächter thun?
Sagt die Schan ban boch.
Dieses Eine nur ist Noth:
Abzuwerfen Gelb und Roth,
Und zu schwören bis zum Tod
Treu' der Schan ban boch.

Chor.

Dieses Eine nur ist Noth:
Abzuwerfen Gelb und Roth,
Und zu schwören bis zum Tod
Treu' der Schan ban boch.

Und die Farb', die sie gewählt?
Sagt die Schan ban boch.
Und die Farb', die sie gewählt?
Sagt die Schan ban boch.
Und, die sie gewählt, die Farb'
Ist das Grün, das niemals starb,
Das sich ew'gen Ruhm erwarb,
Sagt die Schan ban boch.

Und wird Irland frei dann sein?
Sagt die Schan ban boch.
Und wird Irland frei dann sein?
Sagt die Schan ban boch.
Ja! die Zeit, die Zeit ist da!
Frei wird Irland, fern und nah —
Drum für Freiheit ein Hurrah!
Sagt die Schan ban boch.

Chor.

Ja! die Zeit, die Zeit ist da!
Frei wird Irland, fern und nah —
Drum für Freiheit ein Hurrah!
Sagt die Schan ban boch.

2. We're Paddies evermore.

Nicht länger woll'n wir freudenleer
Als Sclaven stehn und Knecht;
Nicht länger woll'n wir betteln mehr,
Um Irlands gutes Recht.
Der Bitten hatten sie nicht Acht,
So schlag' nun an ihr Ohr
Wie Donnerwort, das Wort der Schlacht:
We're Paddies evermore!

Wir litten es die lange Zeit,
Und nun ist es genug;
Kein Wort mehr von Gerechtigkeit,
Denn jedes Wort ist Trug.
Wir woll'n das Recht und unsre Hand
Hebt sich zum Schwur empor,
Zum Schwur für unser Volk und Land:
We're Paddies evermore!

Blickt rund — ist frei nicht der Franzos,
Ist nicht der Spanier frei,
Harrt nicht der tapfre Pole blos,
Bis reif die Tyrannei?

Und so lebt auch der tapfre Sinn
In uns noch wie zuvor,
So schallt es heut und immerhin:
We're Paddies evermore!

Ob auch sechshundert Jahr und mehr
Geschmiedet unser Joch:
Die Gluth, die einst O'Connors Speer
Umblitzt, lebt heute noch.
Und wie von Englands Tyrannei
Erscholl der Väter Chor,
So stehn wir heut noch mit dem Schwur:
We're Paddies evermore!

Wie heißt der Treuschwur? — kühn zu gehn,
Wie sie, in Schlacht und Tod!
Und unsre Pflicht? — Zur Sache stehn
Welch' Schicksal uns auch droht!
Und unsre Hoffnung? — fest vereint
Und frei sein wie zuvor!
Und unser Haß? — England! der Feind!
We're Paddies evermore!

3. Drinan Dhun.

Ein jakobitisches Lied.

Mein Schatz der ist schöner, als der Morgen, wenn's noch thaut,
Und sein Athem ist süßer, als das süße Haidekraut,
Und sein Haar scheint wie Gold, wenn die Sonnenstrahlen drauf
ruhn,
Und der Name, den sie geben ihm, der heißt Drinan Dhun.*)

Mein Junge ist gegangen, wol über das weite Meer;
Möchte Gott ihn sicher führen einst wieder hierher.
Denn ich wandre den ganzen Tag, und des Nachts mach' ich nun
Mein Bett mir aus Blättern wol vom Drinan Dhun.

Wenn ein kleines Boot ich hätte, ach! dann führ' ich ja von Haus,
Und folgte meinem Liebling in die weite Welt hinaus.
Lieber hätte meinen Schatz ich zu Tanz und zu Spiel,
Als alle Erdenschätze, und wären's noch so viel.

---

*) Schlehenbaum.

Mein Schatz der ist schön, und das sag' ich mit Fug
Seine rothen Backen wären für 'ne Königin gut genug.
Seinem Aug' kann es gleich nur die Sonne noch thun —
Ach, Du schöne, schöne Blüthe wol vom Drinan Dhun!

Und nun will ich warten, bis daß er heimkehrt,
Und will um ihn klagen, so wie er es werth.
Und immer, wenn es Sommer wird, wie die kleinen Vögel thun,
Will ich singen, will ich grüßen den blühenden Drinan Dhun.

4. Der Zweig des Schilelah.

O, Lieb' ist die Seele des irischen Mann's,
Er liebt, was da lieblich, liebt Spiel und liebt Tanz
    Mit dem Zweig des Schilelah und Schamrock so grün.
Sein Herz, das ist lustig, ist ehrbar und gut,
Nicht Haß und nicht Bosheit verdickt ihm das Blut;
Er wirbt und er freit, und er prügelt und zecht, —
Denn für Liebe, ja Liebe ist Alles ihm recht
    Mit dem Zweig des Schilelah und Schamrock so grün.

Wer da hatte das Glück, zu sehn Donnybrook-Fair
Der sah auch den Irishman glücklich und hehr
    Mit dem Zweig des Schilelah und Schamrock so grün.
Sein Zeug, das sitzt nett ihm und hat keinen Fleck,
Und sein Tüchlein umflattert den Hals ihm so keck, —
Er geht an ein Zelt und er giebt sein Geld aus
Und beginnt mit dem Freund, den er trifft, einen Strauß,
    Mit dem Zweig des Schilelah und Schamrock so grün.

Und kehrt er heim Abends mit wackelndem Schopf,
Das Herz voll von Whisken, voll Beulen den Kopf
    Von dem Zweig des Schilelah und Schamrock so grün;

Da trifft er sein Mädchen, die voll Sittsamkeit,
Indem sie ihn festhält: „Geh fort, Paddy!" schreit.
Darauf geht es zum Priester, und neun Monde drauf
Da schreit schon ein Knäblein: „nun Vater, wolauf
 Mit dem Zweig des Schilelah und Schamrock so grün?"

Gott segne das Land, welches Patrick gebar,
Mit den stattlichen Bergen, den Strömen so klar,
 Wo da wächst der Schilelah und Schamrock so grün.
Auf! Söhne des Schannon, der Themse, des Twied —
Wir schützen vereinigt der Heimath Gebiet;
Wir haben gemeinsam den Freund und den Feind,
Und Rose und Distel, sie blühen vereint
 Um den Zweig des Schilelah und Schamrock so grün!

5. Das Lied von St. Patrick.

Sankt Patrick war ein Gentleman,
Und Kind rechtschaffner Leute;
Er baut' ein Kirchlein in Dublin
Mit Thurm und mit Geläute.
Sein Vater war ein Gallacher,
Seine Mutter eine Brady,
Seine Muhme 'ne O'Shaugnessy
Und Base des O'Grady.

Chor.

O! — Sanct Patrick's Faust ist stark genug,
Und stark ist schon sein Wink' — O!
Der Heilige, der die Schlangen schlug,
Ist schön auch ohne Schmink' — O!

Die Wicklowhügel sind sehr hoch,
Hoch ist der Berg von Howth, Sir;
Doch höher noch als Beide, ist
Ein Berg am Westmeerschoos, Sir!

Und auf der Spitze dieses Berges
Hält Patrick seine Predigt,
Die Schlang' und Frosch weidlich zerdrosch,
Die einst uns sehr beschädigt.

   Chor.
 O! — Sanct Patrick's Faust ꝛc.

Und was nicht gleich auf Einen Streich
Im Weltmeer sich verlaufen:
Das mußt' sich todt auf sein Gebot
An salz'gem Wasser saufen.
Mit Schuh und Strumpf wol in den Sumpf
Ging hüben es und drüben;
Der Schlangen Schaar mußt' aber gar
Selbstmord an sich verüben.

   Chor.
 O! — Sanct Patrick's Faust ꝛc.

Drum sind die ir'schen Jungen auch
So wolgemuth und fröhlich;
Und wie Sanct Pat gethan es hat
Sind sie beim Whiskey selig.
Denn warum kann ein heil'ger Mann
Nicht seinen Durst auch stillen?
Seine Mutter hielt einen Whiskeyschank
In der Stadt zu Enniskillen.

   Chor.
 O! — Sanct Patrick's Faust ꝛc.

Ach, wenn ich doch in Munster wär',
Auf heimathlichem Grunde;
Ich wollt' es nie verlassen mehr,
Das schwör' ich hier zur Stunde!
Dort baut' der Heilige in's Moor
Kartoffeln, Dörfer, Städtchen —
Dort gibt es Schweine, — ma gra m'astor —*)
Und Kohl und schöne Mädchen!

    Chor.
  O! — Sanct Patrick's Faust x.

---

*) Meine Lust, meine Freude!

6. Die Jungen von Kilkenny.

O, die Jungen von Kilkenny sind ein lustiges Blut,
Und wo immer sie treffen ein Mädchen hübsch und gut,
Da trinken und küssen und herzen sie sich,
Und von allen Städten Irlands Kilkenny für mich.
    Och, muscha fol-der-rol-der-ribo,
    Wack, fol-der-rol-der-ribo!

Durch die Stadt von Kilkenny ein klarer Fluß rinnt,
In der Stadt von Kilkenny da lebt ein hübsches Kind.
Ihre Wangen sind Rosen, Erdbeeren ihr Mund —
Mich hungert, mich dürstet nach ihnen allestund.
    Och, muscha 2c.

Ihre Augen sind schwarz wie Kilkenny-Steinkohl'n,
Und sie haben, sie haben mein Herz mir gestohl'n;
Ihre Stirn ist so klar, wie sein Fluß und so rein,
Und ihr Herz ist so hart, wie sein Marmorgestein.
    Och, muscha 2c.

O, 'ne schöne Stadt ist's, die Kilkenny sich nennt;
Und je mehr ich daran denke, desto mehr mein Herz brennt.
Hier hab' ich kein Haus, in Kilkenny steht meins —
Dort hab' ich ein Schätzchen und hier hab' ich keins.
 Och, muscha 2c.

7. Kate Kearney.

O! — nehmt Euch in Acht vor Kate Kearney,
Die da lebt an den Seen von Killarney.
Gar besondere Kraft,
Zaubereigenschaft,
Wohnt im dunkelen Aug' von Kate Kearney.

Dieser Augen liebliches Funkeln,
O! — laßt's Euren Sinn nicht verdunkeln.
Wer einmal geschaut
Ihr Aug' lieb und traut,
Der vergeht ja vor Pein um Kate Kearney.

Und träft Ihr des Abends Kate Kearney
In den duftigen Au'n von Killarney:
Nehmt in Acht Euch — o geht,
Eh' Ihr lächeln sie seht;
Denn das Lächeln birgt Tod von Kate Kearney.

Und seht Ihr das schwarze Haar wehen,
Und seht Ihr sie lächelnd dastehen —
Fort! ehe das Gift
Ihrer Lippen Euch trifft,
Denn Ihr sterbet am Kuß von Kate Kearney.

8. Kathlin O'More.

Noch denk' ich, daß einmal ich wieder sie seh',
Doch ach! sie verließ mich — sie ließ mich in Weh':
Meine süße kleine Kathlin, meine arme kleine Kathlin,
Meine Kathlin O'More.

Ihr Haar war so schwarz, und ihr Aug' war so blau,
Ihr Lächeln war Sonnschein, ihre Thräne Morgenthau.
So lieblich war Kathlin, meine arme kleine Kathlin,
Meine Kathlin O'More.

Sie melkte die Kuh, das schwarzbraune Thier,
Das wild war bei Andren, und fromm war bei ihr.
So freundlich war Kathlin, meine arme kleine Kathlin,
Meine Kathlin O'More.

Sie saß vor der Thür einst im kalten Abendgraun,
Den Nachtwind zu hören, das Mondlicht zu schaun.
So träumrisch war Kathlin, meine arme kleine Kathlin,
Meine Kathlin O'More.

Und kalt war der Nachtwind, er pfiff durch den Grund,
Und Kathlin ward welk und ward siech seit der Stund'.
Ich verlor meine Kathlin, meine arme kleine Kathlin,
Meine Kathlin O'More.

Nun weiß ich ein Vöglein, das Rothkehlchen heißt;
Das nistet im Kirchhof, das lieb' ich zumeist —
Das wacht mir bei Kathlin, hüpft leicht über Kathlin,
Meine Kathlin O'More.

9. Feenreigen.

Nun tanzen die Feen bei Sumpf und bei Teich,
Bei Sumpf und bei Teich,
Bei Sumpf und bei Teich,
Nun tanzen die Feen bei Sumpf und bei Teich,
Denn die Nacht ist so mild und die Luft ist so weich.

Ihre Schritte sind sacht, ihre Kleider sind fein,
Ihre Kleider sind fein,
Ihre Kleider sind fein,
Ihre Schritte sind sacht, ihre Kleider sind fein,
Und sie schürzen sie hoch auf im klaren Mondschein.

Ihre Kön'gin ist jung und ihr Haar ist von Gold,
Ihr Haar ist von Gold,
Ihr Haar ist von Gold,
Ihre Kön'gin ist jung und ihr Haar ist von Gold,
Und die Töchter der Erde sind halb nicht so hold.

Ihre Augen sind hell und sie lächeln beim Tanz,
Sie lächeln beim Tanz,
Sie lächeln beim Tanz,.

Ihre Augen sind hell und sie lächeln beim Tanz,
Und sie funkeln mit wildem, unheimlichem Glanz.

Ihre Stirne ist ruhig und freundlich ihr Blick,
Und freundlich ihr Blick,
Und freundlich ihr Blick,
Ihre Stirne ist ruhig und freundlich ihr Blick,
Doch Sehnsucht und Schmerzen die läßt er zurück.

Ihre Stimme ist süß und ihr Lächeln so schön,
Ihr Lächeln so schön,
Ihr Lächeln so schön,
Ihre Stimme ist süß und ihr Lächeln so schön.
Doch wehe Dir, wenn Du sie lächeln gesehn.

Sie winkt Dir in's Dämmern mit flatterndem Haar,
Mit flatterndem Haar,
Mit flatterndem Haar,
Sie winkt Dir in's Dämmern mit flatterndem Haar,
Doch geh nicht! — o geh nicht, Dein wartet Gefahr.

Sie führt Dich durch Wälder, durch Haiden einher,
Durch Haiden einher,
Durch Haiden einher,
Sie führt Dich durch Wälder, durch Haiden einher,
Dich kennen die Freunde der Jugend nicht mehr.

10. Das Lied von der wahnsinnigen Moina.

Ich rief meinen Schatz, doch ach! — er schläft.
Seine Lippen sind kalt und verblichen.
Geküßt hab' ich sie wol heiß und lang,
Gedrückt meine Stirn an seine Wang',
Und bin nicht von ihm gewichen.
Ach, ist es denn wahr, daß Du lächelst nie mehr
     Auf Moina?
Ach, bist Du verloren für Moina?

Die Hütte liebt' ich, ich liebte das Feld,
Eh' die Räuber, die Feinde kamen.
Hell sah ich den Thau auf den Rosen glühn,
Jedes Blättlein schien als ein Edelstein grün,
Gefaßt in den goldenen Rahmen.
Verwelkt ist der Baum, wo mein Schatz geküßt
     Seine Moina.
Verwelkt ist das Herz von arm' Moina!

Einst hatt' ich ein Lamm, das mein Schatz mir gab;
Das weißeste Lamm der Hirten.
O, wie ich's geliebt — Niemand weiß es nicht!
Zu Nacht deckt' ich's mit Vergißmeinnicht,
Jeden Morgen mit Rosen und Myrthen.
Sie erschlugen meinen Schatz und rissen das Lamm.
    Von Moina.
Sie zerrissen das Herz von arm' Moina.

Ein Hänfling sang süß auf den Zweig nahbei —
Das Mädchen lief in die Matten.
„Es ist mein Liebster — ich kenne das Lied!"
Sie folgte dem Vöglein, das singend entflieht,
Und verlor sich im Abendschatten.
Mit schwerem Herzen kehrt langsam ich heim
    Von Moina,
Und beweinte das Schicksal von Moina.

11. Mein Connor.

Weh über das Silber! Weh über das Gold!
Und weh über Alles, was klingelt und rollt.
Mein Herz, meine Seele verließ mich um sie,
Mein Connor, mein Liebster, mein Cuschla-ma-Chrie!*)
    Herzen und Scherzen! Schmeicheln und Streicheln —
    O Jungfrau, wir hätten verlassen uns nie!
    Nun ist er gestorben, nun ist er verdorben,
    Nun ruht er im Grabe, mein Cuschla-ma-Chrie!

Mein Connor war schöner, war besser als all' —
Wie tanzte den Jig er! Wie schlug er den Ball!
Und wenn er des Nachts kam zum Eichbaum — o wie,
Wie küßte, wie liebte mein Cuschla-ma-Chrie!
    Herzen und Scherzen ꝛc.

So treu war sein Herz und so bieder sein Rath,
Bis er für den Vetter als Bürge hintrat.
Der floh mit dem Gelde, das Connor ihm lieh,
Zurück blieb in Schulden mein Cuschla-ma-Chrie.
    Herzen und Scherzen ꝛc.

*) Aber meines Herzens Herzensliebter.

Da sagt' ich zu Connor: ich bin Deine Braut,
Ich bin Dir für Lust und für Leiden getraut;
Da sagt' er: als armer Mann wollt' er mich nie —
Reich werden erst wollte mein Cuschla-ma-Chrie.
  Herzen und Scherzen ꝛc.

Den Tag, wo er ging, den vergeß' ich nie mehr.
Kein Aug' war im Dorf, das von Thränen da leer.
Nun schrei nicht mein Liebchen, so sagt' er, denn sieh!
Heimkehren wird bald ja Dein Cuschla-ma-Chrie.
  Herzen und Scherzen ꝛc.

So sagt' er, so schied er und ließ mich in Weh.
Sein Schiff, das ging unter in Mitten der See.
Und ob ich auch weinte und ob ich auch schrie:
Tief unten im Meer liegt mein Cuschla-ma-Chrie.
  Herzen und Scherzen — Schmeicheln und Streicheln —
  O Jungfrau, wir hätten verlassen uns nie.
  Nun ist er gestorben, nun ist er verdorben,
  Nun ruht er im Grabe, mein Cuschla-ma-Chrie!

12. Glaschen-Glora.

Süß ist's in mitternächt'ger Stund',
Wenn Ruh bedeckt das Erdenrund
Dein Rauschen durch den kühlen Grund
    Zu hören, Glaschen-Glora.

Ich wandle gern an Deinem Saum,
Wenn Mondschein blitzt durch Deinen Schaum,
Von ferner Zeit den schönen Traum
    Träum' ich dann, Glaschen-Glora.

Die Eibe mit dem Efeukleid,
Die wächst wol wie in alter Zeit —
Eins aber fehlt mir — Eins ist weit,
    Was nah einst, Glaschen-Glora.

Du strömst noch hin, o muntre Fluth,
Springst um die Steine wolgemuth;
Das Aug', das oft auf Dir geruht,
    Das brach, o Glaschen-Glora.

So ström' denn nieder, ström' dahin,
Ich wandre auch — doch wo ich bin,
Ob fröhlich oder trüb mein Sinn:
    Dein denk' ich, Glaichen-Glora.

Und lieg' ich einst im tiefen Grab:
Du springst noch immer auf und ab,
Zum Meere, das so lieb ich hab',
    Gehst Du dann Glaschen-Glora.

Du gehst in's Meer, ich geh auf's Meer,
Und ach, mein Herz, das ist so schwer;
Denn fort auf Nimmerwiederkehr
    Geh ich ja, Glaschen-Glora.

Nun leb' Du wol, mein Flußrevier!
Und wenn ich todt und weit von hier,
Dann flieg' ich, flieg' ich heim zu Dir
    Im Westwind, Glaschen-Glora!

Dichter der neueren Zeit.

1. Doctor Drennan.

Erin.

Als Erin erstand aus der schwellenden Flut,
Da segnete Gott es, und sah, es war gut.
Europa's Smaragd gab da leuchtenden Schein,
In dem Ringe der Welt war's der köstlichste Stein.

Die Sonne so freundlich — die Lage so fest —
Den Rücken gen England, das Antlitz gen West:
So stand unser Erin auf felsigem Hang,
In das Rollen der See seine Goldharfe klang.

Doch seit ihre Klänge verhallten in Welz,
Sank die Kette des Schweigens auch über die See;
Und die Stirn ist gesenkt, und die Thräne sie quillt,
Und es klopfet das Herz, und der Busen, er schwillt.

O, weint nur ihr Söhne von Erin! O weint,
Wenn das Bild Euch der besseren Zeiten erscheint!
O weint, daß der Glauben zum Schlachtruf gemacht,
Und Vaterlandslieb' zum Verbrechen Euch ward . . . . .

Arm von Erin, sei stark! sei so tapfer als mild,
Erhebe das Schwert nicht — erhebe den Schild!
Keine dunkle That soll entweihen den Glanz
Der Sache der Männer des grünen Eilands.

Die Sache ist gut und die Männer sind treu —
Ueber Blau und Orange strahle Grün denn auf's Neu!
Und den Kranz unsrer Siege, so leuchtend und klar,
Wir flechten ihn irischen Mädchen in's Haar!

Ihr Busen schlägt hoch bei der Tapferen Preis,
Doch kein Feigling soll ruhn an dem wogenden Weiß.
Drum, Männer von Erin! wacht auf und steht fest
Am Triumphthor des Meers, für die Fürstin vom West!

2. Thomas Moore.

Die Harfe, die durch Tara's Hall.
(The harp that once through Tara's halls.)

Die Harfe, die durch Tara's Hall,
Einst klang mit hellem Ton;
Sie hängt nun stumm an Tara's Wall
Als ob die Seel' entflohn.
Vorüber mit der Tage Flug
Ging Stolz und Ruhm und Ehr';
Die Brust, die einst so mächtig schlug,
Fühlt keinen Herzschlag mehr.

Den Frau'n nicht mehr und Rittern klingt
Der Harfe gold'ner Klang;
Die Saite nur, die nächtig springt,
Tönt dumpf, wie Grabgesang.
So schläft die Freiheit — anders nicht
Hörst du wie's in ihr bebt,
Als wenn ein Herz im Zorne bricht,
Zu zeigen, daß sie lebt!

Sie ist fern von dem Land, wo da schlummert ihr Held.
(She is far from the land, where her young hero sleeps.)

Sie ist fern von dem Land, wo da schlummert ihr Held,
Und von schmachtender Freier Geberde
Schaut kalt sie hinweg, und die Thräne fällt,
Denn bei ihm ist ihr Herz in der Erde.

Sie singt der Heimath wilden Gesang,
Jeder Ton, den er liebte, muß klingen;
Ach! sie wissen es nicht, die da schwelgen im Klang,
Daß der Sängerin Herz will zerspringen.

Er lebte für sie, und er ging in den Tod
Für die Freiheit, die all' seine Habe;
Doch das Vaterland sitzt noch und weint in Noth,
Und die Liebe, die sehnt sich zu Grabe.

O! macht Ihr ein Grab, wo das Morgenroth näßt
Mit Frühthau die blumigen Haiden;
Daß im Traum es sie anweht wie schmeichelnder West
Aus dem Land ihrer Liebe und Leiden.

Lass Erin gedenken der Zeit, die da schwand.
(Let Erin remember the days of old.)

Laß Erin gedenken der Zeit, die da schwand,
Eh' sein Volk mit Verrath es umsponnen;
Als Malachi trug das goldene Band,
Das vom stolzen Feind er gewonnen.
Als unter dem grünen Panier im Feld
Der Rothzweig-Ritter Rast war;
Eh' der Smaragd der westlichen Welt
In die Krone des Fremden gefaßt war.

In Lough Neagh hat, wenn der Abend gegraut,
Der Fischer — im Kahne sitzend —
Rundthürme vergangener Zeiten geschaut,
Tief unter dem Wasser blitzend.
So soll Erinnerung den Traum voll Leid
Wie Glanz beßrer Tage durchfließen;
Soll sie seufzend schau'n durch die Wogen der Zeit
Nach der Pracht, die sie drunten verschließen.

Durchschweift nur die Welt.
(We may roam thro' this world.)

Durchschweift nur die Welt gleich dem Kind, das umkost
Von der Freude, hier nippt und dort flattert zum Rest;
Und wenn Euch schaal werden die Wonnen im Ost,
So braucht Eure Flügel und fliegt gegen West.
Doch wenn Herzen, die fühlen, und Augen, die glühn,
Das schönste Geschenk, das der Himmel uns schickt:
So lasset uns bleiben, in Erin, so grün, —
Kein Land, wo man feuriger fühlet und blickt!
Drum gedenket, wo immer Euch freundlich die Stund',
Ob im Westen Ihr schweift, ob auf östlichen Au'n:
Wenn Euch lächeln die Fraun, wenn der Becher geht rund —
O! gedenkt an das Lächeln der heimischen Frau'n.

Den Garten der Schönheit in England bewacht
Der Sprödigkeit Drache, so scharf er nur kann;
Doch oft wenn der Drache einschläft über Nacht —
Ach! Du armes Gärtlein, wie geht es Dir dann.
O, sie haben den Zaun nicht, süßdornig und wild,
Der rund um die Schönheit von Erin sich schlingt;
Der die Sinne gewinnt, weil der Wunsch nicht gestillt,

Und am Meisten dann reizt, wenn vergeblich man ringt —
Drum gedenket, wo immer Euch freundlich die Stund',
Ob im Westen Ihr schweift, ob auf östlichen Au'n:
Wenn Euch lächeln die Frau'n, wenn der Becher geht rund,
O! gedenkt an das Lächeln der heimischen Frau'n.

Wenn in Frankreich ein Frauenherz Segel aufsetzt,
Auf dem Ozean der Eh' zu gewinnen die Höh':
Die Liebe, kaum daß eine Welle sie netzt, —
Da kehrt sie schon um und sagt hübsch: Adieu!
Doch die Töchter von Erin mit sturmfester Brust
Treu stehn sie beim Ruder, treu stehn sie beim Mann —
Durch Wogen des Wehs, und durch Wogen der Lust,
So hold, wie zur Zeit, da die Fahrt er begann.
Drum gedenket, wo immer Euch freundlich die Stund',
Ob im Westen Ihr schweift, ob auf östlichen Au'n:
Wenn Euch lächeln die Frau'n, wenn der Becher geht rund —
O! gedenkt an das Lächeln der heimischen Frau'n.

Süß Innisfallen.
(Sweet Innisfallen.)

Fahr wol, süß Innisfallen! — Mag's
Stillsonnig glühn um Deine Höh'n.
Wie schön Du bist — ein Andrer sag's,
Mich laß nur fühlen, wie Du schön!

Süß Innisfallen! — goldengrün
Sollst Du in meinen Träumen stehn,
Wie ich zuerst im Abendglühn
Dich sah, gleich einem Land der Feen.

'S war Licht fürwahr, zu rein für Den,
Der nach der sonnigen Tage Schluß,
Wo er so selig Dich gesehn,
In's Leben wieder wandern muß.

Der nie mehr kehrt zu Deinem Strand,
Doch oft in Nacht und Nebelflor
Von Dir träumt, als dem beßren Land,
Das er gesehn, das er verlor.

O, lieber scheiden, wenn Du weinst,
Als nun, wo Sonne Dich erfüllt, —
Wo Du, in Nebel, gleich erscheinst
Der Schönheit, die ihr Haupt verhüllt.

Denn ob auch unvergleichbar so —
Nicht mehr zu selig scheinst Du dann.
Du bist der Schattenort dann, wo
Der müde Wandrer rasten kann;

Ja, rasten! — und den Schmerzenstraum
Noch einmal träumt, mit dem er ging
Aus Eden's Nacht, da jeder Baum
Ob seinem Wege weinend hing.

Weinend und lachend — hold' Revier,
Und holder, weil Du so verweint!
Scheint selten auch die Sonne Dir,
'S ist Himmelsglanz, wenn sie Dir scheint.

So fühlt ein schönes Herz einmal
In hehrer Stund' sich götterreich —
Und so ist selbst die Sonne fahl
Mit Deiner Schönheit im Vergleich.

Das Thal von Avoca.
(The meeting of the Waters.)

Kein Thal in der Welt, das so lieblich mir scheint,
Als das Thal, wo der Strom mit dem Strom sich vereint.
O, verwehn muß die Sehnsucht, die warm mich durchglüht,
Eh' der Duft jenes Thals mir im Herzen verblüht.

Nicht war's die Natur und ihr reicheres Blüh'n,
Nicht des Wassers Krystall und das frischere Grün —
Nicht der sanftere Reiz von Strom und von Wald —
Ach, mich hielt eine süßere, schön're Gewalt.

Die Freunde, mit denen ich einst hier gelacht,
Die waren's, die theuer dies Thal mir gemacht;
Die gefühlt, wie die Welt dann erst reizend sich malt,
Wenn verklärt aus den Blicken Geliebter sie strahlt.

Süßes Thal von Avoca! Welch' Dasein voll Lust
Könnt' ich leben in Dir an befreundeter Brust —
Wenn die Stürme verweht, wenn die Schmerzen verweint —
Herz an Herz, wie der Strom dort dem Strom sich vereint.

O hätten ein Eiland wir, sonnig und klein.
(O! had we some bright little isle of our own.)

O! hätten ein Eiland wir, sonnig und klein,
In des Sommermeers Bläue, weit ab und allein.
Wo das Laub nimmer stirbt, das an Blüthen sich schmiegt,
Wo die Biene sich ewig auf Rosen sanft wiegt:
   Wo die Sonne der Flur
   So hold sich versteckt,
   Daß die Nacht leise nur
   Den Tag ihr verdeckt —
Wo schon das Gefühl, daß wir athmen und sind,
Der besten Lust werth ist, die sonst man gewinnt.

Da, mit Seelen so rein wie die Luft, und so weit,
Da liebten wir uns, wie in goldener Zeit.
Der Schimmer der Sonne, der Balsam der Luft,
Erfüllte die Herzen mit Sommer und Duft.
   Stets voll Glanz wär' die Brust,
   Und wie Blüthen, verklärt —
   Wie die Biene voll Lust,
   Die von Rosen sich nährt.
Unser Leben ein Tag ganz voll sonniger Pracht,
Und der Tod einst so heilig und still wie die Nacht.

Als unser Schiff...
(As slow our ship.)

Als unser Schiff mit schwerem Gang
Durch Schaum und Brandung strebte,
Da sah sein zitternd Wimpel lang
Zum Land, dem es entschwebte.
So scheiden wir von Lieb' und Glück,
Die uns daheim umschließen;
Und also schwebt das Herz zurück
Zu Denen, die wir ließen.

Wenn Nachts wir sitzen um den Wein,
Von alten Zeiten sprechen, —
Mit Lächeln, dessen matten Schein
Die Thränen schon durchbrechen;
Wenn's nun wie Duft von Blumen weht,
Die tief auf Gräbern sprießen —
O, süß der Krug, der rund dann geht
Auf Alle, die wir ließen!

Und wenn wir fern ein hold Gefild,
Ein Eiland uns erwählet,
Wo Alles blumig, süß und wild,
Und Nichts als Liebe fehlet;

Dann ruft's in uns — dann spricht's: o hier
Zu sein! Hier zu genießen
Mit Ein'gen Derer, welche wir
Weit in der Heimath ließen!

Wie Wandrer oftmals rückwärts schau'n,
Die ostwärts geh'n in's Dunkel,
Zum West, in dessen Himmelsau'n
Noch glimmt das Goldgefunkel: —
So, wenn was schön und ideal
In Dämmrung will zerfließen,
Hascht unser Herz den Scheidestrahl
Der Wonnen, die uns ließen.

In dem Morgen des Lebens, wenn fremd noch sein Leid.
(In the morning of life, when its cares are unknown.)

In dem Morgen des Lebens, wenn fremd noch sein Leid
Und all' seine Lust noch im ersten Glanz flammt;
Wenn die Welt noch so schön ist, so hold und so weit,
Und das Licht, das uns wärmt, all' dem Innern entstammt;
O, dann nicht — nicht dann, in der glücklichen Zeit
Ist Liebe so ächt, als wenn traurig der Sinn; —
Nicht im sonnigen Schimmer der Lenzseligkeit,
Die Neigung ist tief nur, wenn Alles dahin.

Wenn dahinzieht der Jugend goldherrlicher Schein,
Wie das Blatt auf dem Strom, das auf Ewig entführt;
Wenn im Becher, jüngst voll von berauschendem Wein,
Man den ersten Tropfen der Bitterkeit spürt;
Dann, dann ist die Zeit, wo die Neigung, wie nie
Sie's in Freude vermochte, Dir weitet das Herz:
Die Lieb', die in Lust wuchs, ist treulos wie sie,
Doch Lieb', die aus Schmerz ward, ist treu wie der Schmerz.

In Zonen des Lichtes, wie prachtvoll auch scheint
Die Blume — sie füllt nicht mit Balsam die Luft;
Der Nebel, in dem unser Himmel still weint,
Der löst ihre Seele und macht sie zu Duft.
So folgt auch der Rausch wol der glänzenden Schaar,
Doch die Liebe sie sprießt nur aus Sorgen und Druck;
Und ob auch ein Lächeln die Holde gebar,
Die Thräne, sie bleibt doch ihr lieblichster Schmuck.

3. Gerald Griffin.

Komm nach Glengariff, komm!

Komm nach Glengariff, komm!
Komm an die Bai!
Sieh, unser Thal ist fromm,
Friedlich und frei.
Da, da weit von der Welt,
Wo sanft die Woge schwellt,
O, wie so hold gesellt
Lebten wir Zwei!
Denn unser Thal ist fromm,
Friedlich und frei —
Komm nach Glengariff, komm!
Komm an die Bai!

Dein ist die Hochlandsschlucht,
Frostig und wild;
Unser die Flachlandsbucht,
Sonnig und mild.

Da, da durch Wolkennacht
Sauset der Sturm mit Macht;
Hier aber spielt er sacht,
Sachte, wie Mai;
Denn unser Thal ist fromm,
Friedlich und frei —
Komm nach Glengariff, komm!
Komm an die Bai!

4. Thomas Davis.

Die Blume von Finé.

Hellroth strahlt die Sonn' auf die Fluth von Lough Schielen,
Die Winde, sie flüstern, die Wogen sie spielen;
Es duften die Blumen am träumenden See —
Doch schöner noch, als alle, ist die Blume von Finé.

Leicht schwebt sie; es fliegen die Haare, die dunkeln;
Es rauschet die Haide, die Augen sie funkeln.
Die Lippen wie Rosen, die Wangen wie Schnee —
O süße Eily Mac Mahon, Du Blume von Finé!

Was springst Du, mein Hirschlein, auf eilenden Füßen?
Heut kommt ja der Waidmann, sein Liebchen zu grüßen.
Ja, Fergus O'Farrell bringt heut Dir kein Weh —
Er ist die Wonne und der Stolz der Blume von Finé.

Ein Blick und ein Kuß voll von freudigem Schauer —
Doch ach, warum wandelt die Lust sich in Trauer?
Er kündet ihr Unheil — er muß über See —
Er muß in's ferne Land und sie bleibt einsam in Finé.

Denn Fergus O'Farrell flieht vor den Tyrannen,
Die ihn aus der irischen Heimath verbannen;
Zieht mit der Brigade als Abenturier —
Doch Treu gelobt und Heimkehr er der Blume von Finé.

Er focht zu Cremona — sein Name bewährt sich;
Er focht zu Cassano — ihr Auge verklärt sich,
Doch traurig singt „Schule-a-Run" sie am See —
„O komm zurück, mein theures Herz, komm zu mir nach Finé!"

Acht Jahre vergehen — sie wartet und schmachtet —
Das Rad stockt, der Flachs ruht, das Aug' ist umnachtet —
„Da fliegen die wilden Gänse.... sie fliegen über See"....
Und mit hinaus nach Flandern fliegt die Blume von Finé.

Hurrah nun für Ludwig! für Jakob den Dritten!
Schon leuchten von Weitem die Schaaren der Britten —
Heransprengt Lord Clare dort von Ramillié —
Und Fergus reitet neben ihm, sein Schlachtruf ist: Finé!

Die Engländer nahn, die Franzosen, sie schwanken;
Die Holländer fallen Lord Clare in die Flanken —
Sie halten, sie fechten, sie stehn — bis das Weh
Des Tods sie wirft und es verstummt der Schlachtruf von Finé.

17*

Im Kloster von Ypern, wol an dem Altare,
Da weht eine Fahne, da steht eine Bahre;
Da weint eine Nonne, da klaget ihr Weh
Der Mutter Gottes, die da hängt, die Blume von Finé.

Mein Land.

Es ist ein reich und rar Land,
O! 's ist ein frisch und klar Land,
Ein lieb und wunderbar Land,
    Dies Heimathland, das mein!

Die Männer stark und erzig,
Die Frauen treu und herzig, —
Gern litte Todesschmerz ich,
    Könnt' ich mein Land befrei'n!

Es ist kein dumpf und kalt Land,
Nein! 's ist ein glutdurchwallt Land,
O! 's ist ein treu und alt Land,
    Dies Heimathland, das mein!

Wenn Schönheit könnte streiten,
Tugend zum Siege leiten, —
Kein Feind würd' es beschreiten,
    Kein Freund d'rin elend sein.

O! 's ist ein frisch und klar Land,
O! 's ist ein treu und wahr Land,
Ein rar und wunderbar Land,
  Dies Heimathland, das mein!

5. Samuel Lover.

Das Land in dem West.

O, komm in den West, Lieb', o folg mir in's Land,
Das grün aus der Frische des Meeres erstand;
Dort fächelt der Frühling so weich und so warm —
O, komm in den West, o — und komm in den Arm!
Dort herz' ich, dort küß' ich, dort halt' ich Dich fest —
Und da ist kein Land, gleich dem Land in dem West.

Der Himmel des Südens ist wandellos rein;
Der unsre ist süßer, er wechselt den Schein,
Wie Liebe, bald sonnig, bald thränengenäßt . . .
O, was ist der Süd gen den herrlichen West?
Drum komm! und Dein Mund, der so rosig erglüht,
Wird holder mir sein, als die Rosen im Süd.

Der Nord hat Paläste von Schnee, und es blinkt
Sein Eisthron im Tage, der nimmer versinkt.
Dort wohnet Sturmkönig und feiert sein Fest —
Doch der liebliche Zephyr, er wohnt nur im West.
Drum komm in den West, an die wonnige See,
Und Dein Nacken wird weißer mir scheinen als Schnee.

Dem glanzreichen Osten, erfrischt von der Nacht,
Entsteiget die Sonne in himmlischer Pracht.
Doch wenn sie ermüdet die Welt nun verläßt,
O, geht sie zur Ruhe dann ein nicht im West?
Drum folge dorthin mir — es ist ja mein best',
Mein liebstes, mein schönstes, mein Land in dem West!

6. William Allingham.

Zwischen der Haide.

(Manuscript.)

An einem Abend traf ich ein Kind, ein herziges, mitten im Wetter —
Der Wind blies kalt und der Nebel strich und es fielen die bräunen Blätter —
„Ist unser Weg derselbe vielleicht? Können wir zusammengehn Beide?"
„O — ich steige den Berg hinauf," so sagte sie, „zwischen der Haide."

„Eure Bergesluft ist süß und rein, wenn die Tage lang und sonnig,
Wenn das Gras rund um den Felsen wächst, und der Ginster duftet so wonnig.
Doch der Winter kommt mit Nebel im Haar, mit Reif und Frost auf dem Kleide,
Und Du sollst sehn, es ist traurig und kalt auf dem Berge zwischen der Haide."

Sie aber lobte ihr Heimathgebirg und ich will es gleichfalls loben.
Denn wo Molly weilt, ist von Sonnenschein und Blumen Alles umwoben.
Ob das Moorland schwarz, ob das Moorland weiß — ich kaum noch unterscheide;
Nun da im Dunkeln ich finde den Weg, den Weg wol zwischen der Haide.

Die Sonne geht nieder, der Himmel ist von Sturmgewölk umnachtet;
Doch zwanzig Meilen wol ging ich gern für das Willkomm, das mich erwartet.
Ich singe mein Lied für Eskdun, ob der Wind auch frostig schneide:
Die Liebe hält warm mich, wenn durch den Schnee ich wandre zwischen der Haide!

Die Feen.

Ein Ammenlied.

Auf zum luft'gen Berge
Nieder zum Binsenkraut,
Da mögen wir nicht jagen,
Weil vor den Kleinen uns graut.
Klein Volk, gut Volk —
Ei, wie trippelt, trappelt Jeder;
Grünjacke, Rothkapp,
Und weiße Eulenfeder!

Einige wohnten unten
Am felsigen Küstensaum;
Sie backen Pfannkuchen,
Aus gelbem Seeschaum.
Einige im Ried
Der schwarzen Berglache;
Unken, mit Augen wie Funken,
Sitzen auf und halten Wache.

Hoch auf dem Hügel
Ist des alten Königs Thron;
Er ist jetzt so alt und grau,
Halb kindisch ist er schon.
Auf einer Nebelbrücke
Von der Grundflur seines Schlosses
Macht er seine Staatsreisen
Von Slieveleague nach Rosses;
Wenn er auffährt mit Musik
In kalten Sternennächten,
Zu der Königin des Nordlichts,
Wo sie oft schon munter zechten.

Sie stahlen klein Bridget,
Sieben lange Jahr' ist es her;
Als sie wieder kam, da lebte
Von den Freunden Keiner mehr.
Da holten sie sie wieder,
Im Zwielicht, um den Morgenschlummer;
Sie glaubten, daß sie schliefe,
Doch sie war schon todt vor Kummer.
Sie haben sie seitdem
Unten in der Berglache,
Auf einem Bett von breiten Blättern,
Wartend, bis sie aufwache.

An der selb'gen Hügelkante,
Ueber'm nackten Moorgrund fort,
Haben sie gepflanzt Dornbäume,

Zum Vergnügen hier und dort.
Ist Jemand so verwegen,
Einen auszureißen zum Trotz,
So findet er in seinem Bett
Des Nachts einen Stachelklotz.

Auf zum luft'gen Berge,
Nieder zum Binsenkraut,
Da mögen wir nicht jagen,
Weil vor den Kleinen uns graut.
Klein Volk, gut Volk —
Ei, wie trippelt, trappelt Jeder;
Grünjacke, Rothkapp
Und weiße Eulenfeder!

In der Dämmerung.

O willkommen Nachtgestirn, das bei eins und zwei entglimmt —
Und das Rauschen von dem Wasserfall tönt durch die Luft heran;
Während in dem Thauduft der Landschaftsumriß weich verschwimmt,
Wie in Trauer mein Entzücken, daß ich's nicht theilen kann —
    Nicht mit dir und doppelt selig bin!
    — Wolkengluth über'm Meer stirbt dahin.

Eine Heil'ge sinnend liegt nun die Erd' in schatt'ger Nacht,
Und den goldnen Reif des Monds trägt sie als einen Glorienschein;
Vom Gebirg herunter haucht der Nachtwind stet und sacht,
Während meine Seele haucht: Ach dürft', ach könnt' es sein,
    Daß die Geliebte mir zur Seite ruht'!
    — Gleich der voll sel'gen Brust wogt die Fluth.

Komm mit an den Strand.

Komm mit an den Strand, an den sonnigen Strand!
Wo der Salzwind so frisch weht, so leis.
Wo die Fluth hell rollt unter'm endlosen Gold,
Und die Brandung am glitternden Weiß.
Wo die Kinder waten im flachen Pfuhl,
Wo die Welle sie jagt in Flucht.
Wo mit milchweißen Segeln die Böte ziehn
Durch die wunderschön blaue Bucht;
Und mit sicherem Lauf, alle Segel auf,
Das Schiff stolz das offne Meer sucht —
Wo die Netze trocknen im kurzen Ried,
Und im Schlafe hartbei man die Fischer sieht —
Ihr Zeltdach des Himmels blauwarmes Gebiet,
Mit der rauschenden Woge am goldenen Rand,
  Zu singen ihr Schlummerlied.

Komm mit an den Strand, an den stürmischen Strand!
Wo der Wind dumpf heult und der Golf;
Wo die Brandung ergrimmt den Fels anklimmt
Wie den rettenden Baum der Wolf.
Wo der Schaum weit fliegt und mit Angstschrei drin

Der Vogel sich badet und kühlt;
Wo den braunen Tang bei der Wurzel ausreißt
Die Fluth und hinunter spült;
Wo das Schiff auf der Bank mit Plank' um Plank'
In den Grund sich schürft und wühlt —
Wo durch's Dörflein Schiefer und Stroh rund spinnt,
Wo ein Hüttlein steht dicht am Wasser, am Wind,
Drin ein Seemanns-Weib traurig sitzt und sinnt,
Wenn das Tosen sie hört von See und Sand,
 Bis zuletzt sie zu weinen beginnt.

Der grüne Strand des Erne,
oder des Auswandrers Abschied von Ballyschannon.

(Flugblatt.)

Nun Ballyschannon, leb' du wol! wo ich geboren ward;
Wo ich auch geh', ich denke Dein, so treu wie Tag und Nacht.
Der liebe Fleck, die traute Stadt, wo Alle sich bekannt,
Und kein Gesicht im Ort das nicht ein wenig mir verwandt.
Da ist kein Haus, kein Fenster nicht, kein Hügel und kein Feld,
An das ich nicht gedenken will, wenn weit ich in der Welt.
Mein armes Herz laß ich bei Euch, wenn ich auch selber fern —
So leb' denn wol du Stadt und auch du grüner Strand des Erne!

Die Melodie des Wasserfalls, der Spiegelglanz der Fluth,
Wenn an den Hafenhügeln sanft das volle Wasser ruht, —
Von Portnasun nach Bullebauns, die Klosterbucht entlang,
Vom Felseiland nach Culnargit's grausand'gem Hügelhang;
Indeß gen Süden auf der Wacht die Leitrimberge stehn,
In bläulichem Gewand und still die Schiffe wandeln sehn,
Mit Segeln hier, mit Segeln dort, die rothe Flagg' am Stern —
Ein Lebewol für sie und Dich, Du grüner Strand des Erne!

Ade vom Hafen bis Bellik nun jeder Sturzbach hell
Und jeder Teich mit Fischen drin und jeder Efeuquell.
Ihr Felder flach, ihr Felsen hoch, wo Eich' und Mistel wächst,
Und du, am Sumpf, du Eibenstumpf, zersplittert und verhext.
Der See, der um die Inseln bis zum Schëan-Berg sich wiegt,
Du, Castle Caldwell's grün Gehölz, das an die Bai sich schmiegt;
Und Briesie-Hill, von Haide roth und manchem Blüthenstern —
Denn Lebewol muß sagen ich dem grünen Strand des Erne.

Die Drossel singt durch Camlin-Wald den langen Sommertag;
Das Wasser rinnt durch's Klippenmoos und wilden Kräuterhag;
Manch Mägdlein hold im Abendgold singt dort beim Heckendorn,
Und wer 'nen Schatz hat, geht mit ihm den Pfad durch's blühende
 Korn.
Wie sie am Fluß dort wandeln, ging auch ich einst auf und ab —
Ach! nie mehr, nie seh' ich die Zeit, die ich gesehen hab'.
Denn Tausend wett' ich gegen Eins, das nimmermehr mein Stern
Mich heim nach Ballyshannon führt, zum grünen Strand des Erne.

Ade nun Abendtänze, wo die muntre Fiedel lockt,
Und wo der Bursch sein Mädel schwingt, schwarzhaarig, rothgerockt;
Woselbst der weise Schanachu*) erzählt bei Dämmerschein
Vom „Rath"**) und wer's gebaut, und wie da drinnen das Gebein
Von Heil'gen, Kön'gen, Clanhäuptling — und wie nun Feen
 im Ried
Des Nachts hier tanzen; und hierauf ertönt manch' lustig Lied.

---

*) Märchenerzähler.
**) Alter Festungshügel.

Gebt mir ein traurig Wanderlied, daß ich's beim Scheiden lern', —
Denn von den Freunden geh' ich ja am grünen Strand des Erne.

Und werd' ich je ein reicher Mann, mit Gottes Hülf' alsdann
Werf' ich mein golden Anker da, wo meine Mutter spann —
Ob manch ein Haupt auch, heute frisch, dann müd sich senkt zur Erd',
Und da, wo sonst ein Alter saß, manch' Neuer sitzt am Herd.
Doch theurer mir der Hügel hier, als alle Welt da drauß —
Daß gehn ich muß, ist Schicksalsschluß — doch dorten steht mein
Haus.
Und sicherlich kehr' ich zurück, wenn es gefällt dem Herrn,
Zu Dir, mein Ballyschannon, und zum grünen Strand des Erne!

Anmerkungen und Quellennachweise.

Zur ersten Abtheilung.

Die irische Märchenlehre.

Irland und Rom. (Zu S. 3). Das Verhältniß Irlands zum heiligen Stuhl hat eine zu eigenthümlich-romanhafte Geschichte, um hier nicht mit einigen leichten Strichen skizzirt zu werden.

Bis zur anglo-normannischen Invasion stand die Kirche von Irland in keinem Zusammenhang mit dem heiligen Stuhl. „Dieses Volk," sagt Giraldus Cambrensis, der Hofkaplan Johann's I., in seiner Topographia Hiberniae, „ist ein höchst schmutziges Geschlecht und äußerst unerfahren in den ersten Grundsätzen der Moral und Religion, denn (!) sie bezahlen weder den Zehnten, noch bringen sie die Erstlinge dar." — Heinrich II. (1154—1189) hatte den Gedanken mit auf den Thron gebracht, Irland zu erobern. Um den Papst Hadrian IV. — und er war beiläufig ein Engländer von Geburt! — in's Interesse zu ziehen, ward vorgegeben, das ungläubige Land solle dem heiligen Stuhl unterworfen werden. Hierdurch erlangt Heinrich II. eine Bulle von Hadrian IV., in welcher derselbe „seinem sehr theuren Sohn in Jesus Christus, der die Insel Hibernia betreten will, um sie dem Gesetz zu unterwerfen, das Laster auszurotten und dem gebenebeiten Apostel Petrus die Bezahlung des jährlichen Tributes von einem Pfennig für jedes Haus zu verschaffen," seinen Segen giebt.

Diese Bulle wird in der Zeit, wo der Anspruch Englands auf Irland durch Eroberung noch nicht ganz fest stand, als Rechtstitel demselben untergeschoben. Schon unter Hadrian's Nachfolger wird sie als „authentisches" Instrument betrachtet. Alle zeitgenössischen Historiker haben diese Ansicht von der Sache, und während der vier folgenden Jahrhunderte citirte der englische Monarch und sein Parlament die päpstliche Verleihung als den Grund ihres Rechts auf das Regiment über die Eingeborenen. In einer Acte des irischen Parlaments vom Jahr 1468 heißt es: „In Anbetracht, daß Unser heiliger Vater Hadrian, Papst vom Rom, aus dem Recht seiner Kirche im Besitz der Oberherrschaft (Lordship) von Irland war, welche er für eine gewisse Rente dem Könige von England und den Erben desselben für Immer veräußerte, eine Verleihung, durch welche die Unterthanen von Irland ihren Gehorsam dem König von England als ihrem souveränen Herren schulden ꝛc."

England erobert im Namen Roms; England mordet, brennt und proscribirt im Namen Roms und endlich ist Irland durch Feuer und Schwert römisch-katholisch geworden. Aber Rom geht mit England; und als Irland fortfährt, sich trotzig gegen die anglo-normannischen Barone seines Lebens zu wehren, da schleudert Papst Innocenz XXIII. den Bannstrahl auf Alle nieder, „welche gegen die Krone von England rebelliren" würden. Irland beugt sein Haupt demüthig vor dem päpstlichen Stuhl, welcher es nach dem Wortlaut parlamentarischer Acten an England „veräußert" hat; und nur klagend wagt einer seiner edelsten Großen, der Fürst von Tyrone, sich an den heiligen Vater zu wenden. Welch ein Klageruf! „Wir haben unsere eigenen Herrscher gehabt, viertausend Jahre lang —" ruft er aus — „da erläßt Hadrian, ein geborener Engländer, seine Bulle und überliefert eine Nation, die von

Geschlecht zu Geschlecht frei und selbständig gewesen, einer Horde von Tyrannen, grausamer als die Fänge wilder Raubthiere, die sich durch jedes Mittel der Gewalt und des Betruges zu Meistern des Bodens machen. Sie haben die schönsten Theile des Eilands in Besitz genommen und ihre rechtmäßigen Eigenthümer in die Moräste und Gebirge vertrieben; und selbst da zwingt man sie noch, auf Tod und Leben um ihre traurigen Heimathstätten zu kämpfen. Ach, wir haben kein Haupt, das über uns wache, das unsren Rath erleuchte, unsre Irrthümer verbessre!"

So sprach Irland zu Anfang des 14. Jahrhunderts. Aber Rom hatte im 14. Jahrhundert keine Ohren für Irland. —

Erst zwei Jahrhunderte später sollte die Stunde der Entscheidung kommen. England, das siegende, fiel ab von Rom; Irland, das von ihm verrathene und durch seine Hülfe besiegte, blieb treu. Ja, erst von diesem Augenblick an ward das Verhältniß Irlands zum heiligen Stuhl ein innig-unzerreißliches. Welche Tragik in diesem Verhältniß, in dieser Liebe, dieser Leidenschaft, mit der die Niobe der Nationen sich an den Arm anklammert, der es zur Niobe gemacht! Es schien, als solle auch hier sich die Liebe durch Ausschließlichkeit steigern. Mit Allem gaben sich die Iren dahin — mit der Liebe zu ihrem Vaterland und ihren Alterthümern, mit der unerschütterlichen Anhänglichkeit an ihre nationale Sitte, mit dem Stolz, den sie in ihre ehrwürdige Sprache setzten, mit dem nie ersterbenden Haß, den sie gegen ihre Unterdrücker nährten, ja — mit dem letzten Instinct der Selbsterhaltung. Mit all' Diesem stellten sie sich auf die Seite des Papstes, von dem Augenblick an, wo der König von England der Feind desselben wurde; und all' Dieses, die Liebe, der Stolz, der Haß, der Instinct wurde von Jahrhundert zu Jahrhundert geheiligt durch die begeisternde Erinnerung an die Märtyrer ihrer Sache, durch die Todten von 1641, von 1690 und von 1798, und durch das Bewußtsein, daß sie für den Glauben ihrer Väter geduldet und noch immer dulden. Und so schloß sich celtischer Enthusiasmus für Religion, Freiheit und Vaterland, so jede rachsüchtige Leidenschaft, so jedes dankbare Gefühl an die päpstliche Hierarchie mit einer Gluth, die kein Elend dämpfen, und mit einer Treue, die keine Verfolgung erschüttern konnte.

Zur zweiten Abtheilung.

Märchen.

1. **Die Stadt im Meere.** The Dublin and London Magazine for 1825. London. p. 133.
2. **Der Hexenmeister von Erunaan.** Ib. p. 58.
3. **Der Banschi-Brunnen.** Ib. p. 31.
4. **Zwei Geschichten vom Luprechaun.** Ib. p. 94 und mündlich.
5. **Die schwarzbraune Kuh.** Ib. p. 352.
6. **Das Land der ewigen Jugend.** Dr. O'Halloran's „Introduction to the History and Antiquities of Ireland", und Nicholas O'Kearney „the battle of Gabhra", printed for the Ossianic Society. 1853. Dublin.
7. **Der Onkel aus der Feenwelt.** Mündlich.
8. **Das Feenhandtuch.** Mündlich.
9. **Der Phuka.** Robin's London and Dublin Magazine for 1827, p. 349. Ib. p. 463.
11. **Feen-Ammen.** Mündlich und nach den Mittheilungen Dr. Wilde's in den „Irish Traits". Dublin (ohne Jahreszahl).
12. **Schön Nora.** The Dublin and Lond. Mag. p. 311.

Zur dritten Abtheilung.

Dichtung.

I. Irische Lieder.

1. **Die Hymne des heil. Patrick.** Patrick's Hymn, abgedruckt und erläutert bei George Petrie, History of Tara Hill, (1829) p. 31—45. — Das Manuscript befindet sich in Trinity-College, Dublin.

2. **Eilin a Run.** Original bei Hardiman, Ir. Minstr. I. 204; englische Uebersetzung von Thom. Furlong bei Montgommery, Specimens 101. — Die Familie der O'Daly's ist in der Geschichte der irischen Poesie sehr ausgezeichnet. Nicht weniger als dreißig Träger dieses Namens haben sich als Dichter hervorgethan, von den Tagen Cuchonacht O'Daly's, der nach den vier Meistern um 1139 starb, bis zu denen des Carol oge O'Daly, welcher um das Jahr 1680 noch lebte. Ja, noch in unsrem Jahrhundert begegnen wir einem literarischen Repräsentanten dieser Familie in John O'Daly, welcher 1843 eine Sammlung „Irisch-Jakobitischer Lieder" (mit englischer Uebersetzung von Walsh) und 1846 eine „Irische Grammatik", (Selfinstruction in Irish) herausgab. — Berühmter noch als das in Rede stehende Lied, durch welches der Sänger sich seine Geliebte, am Tage wo sie einem Andern verheirathet werden sollte, errungen

hat; ist die Melodie desselben. Sie ging den alten Weg der Colonisation nach Schottland, wo sie sich als das Lied von „Robin Adair" localisirte; und von dort aus, als „schottische Melodie" kam sie nach England und dem Continent. Händel pflegte von ihr zu sagen, daß er für den Ruhm, diese Melodie geschaffen zu haben, gern die größte und beste seiner eigenen Compositionen hingeben wolle; und Boildieu verwebte sie, wie Flotow dies neuerdings mit der gleichfalls irischen Melodie von der „letzten Rose" (oder: „the Groves of Blarney") gethan, in seine „weiße Dame". Wir aber wollen hier noch einmal ihr irisches Geburtsrecht reclamiren! — Auch findet sie sich in Thom. Moore's „Irish Melodies", zu dem Text von „Erin, the tear and the smile". Wir könnten, beiläufig bemerkt, noch eine ganze Reihe von Melodien nennen, welche die schottische Volksmusik der irischen entlehnt hat. So sind z. B. die schottischen Lieder „the souters daughter" und „Bonnie daddie, Highland daddie" Nichts als Varianten der durch Thom. Moore's: „To ladies eyes around boy" bekannt gewordenen irischen Melodie; das irische „Sprig of Shilelah" enthält die Grundmelodie zu dem schottischen „Todlin Hame", und das irische „The harp that once through Tara's Hall" diejenige zu dem schottischen „the boatie rows", wobei jedoch nicht geleugnet werden soll, daß die schottischen Ausführungen oft viel interessanter sind, als die irischen Themata. — Höchst bezeichnend für dies Verhältniß der schottischen Musik zu der von Irland ist folgende alte Tradition, die wir in Gunn's „An inquiry respecting the performance of the harp in the Highlands of Scotland" (Edinburgh 1807) gelesen haben. „Ich habe," heißt es daselbst, „ein altes gälisches Gedicht nebst der Musik, zu welcher es in den Hochlanden noch heutigen Tages gesungen wird, gesehn, in welchem der Dichter eine sehr alte Harfe personifizirt und mit der Frage anredet, was aus ihrem früheren Glanze geworden sei? Die Harfe antwortet, daß sie einem Könige von Irland gehört habe und bei manch' einem fürstlichen Banquet zugegen gewesen sei; daß sie darauf nacheinander im Besitz gewesen sei: von Dargo, dem Sohn des Druiden, von Gaul, von Filan, von Oscar, von O'Duivne, von Diarmaid, von einen Arzt, einen Barden, und zuletzt einen Priester, der in einem verborgenen Winkel über einen weißen Buche saß und sann." — Das Wandern der Volkspoesie und Musik aus Irland nach Schottland kann nicht klarer ausgesprochen sein!

3. **Der Untergang der Gaelen.** Original bei Hardiman, II, 103; englische Uebersetzung von Ferguson, bei Montgommery, 111. —

4. **Das theure Land Mayo.** Original bei Hardiman, I, 337; englische Uebers. von George Fox, in „the Ballad Poetry of Ireland", p. 125. — Eins der populärsten Lieder der Bauern in den Grafschaften Mayo und Galway. Es wird nach einer der lieblichsten Melodien, „der wahren Seele der klagenden irischen Musik" gesungen. —

5. **Todtenklage.** Original und engl. Uebersetzung bei Walsh, 144, 145 ff.

6. **Kälber auf der Weide.** Walsh, 46, 49 ff.

7. **Caschel in Munster.** Die Melodie (Caisial Munnhan) ist eine der populärsten in Irland, daher die große Anzahl der verschiedenartigsten Texte darauf. Der hier mitgetheilte findet sich bei Walsh, 168. Eine andere Version bei Hardiman, I, 239; und übersetzt von Ferguson, bei Montgommery, 214. — Nur die erste Strophe ist in beiden gleich, das Uebrige schöner bei Walsh. —

8. **Molly Astore.** Original bei Hardiman, I, 242; engl. Uebersetzung von Thomas Furlong, das. 243. — Das Lied ist aus Leinster; das „Thal von När" deutet auf einen See in der Grafschaft Meath, der vor alten Zeiten so hieß. Die Melodie von Molly Astore ist sehr populär in Irland, und ward es später in Großbritannien. Burns nennt sie, „eine himmlische Melodie." —

9. **Nelly Ban.** Original und engl. Ueberſ. bei **Walſh**, 112—115. — Die in dem Liede geſchilderte Localität deutet auf eine weſtliche Heimath deſſelben. „Lough Rie" iſt ein See in der Grafſchaft Galway, welcher durch den Shannon mit dem Loch Derg in Verbindung ſteht. —

10. **Warſt Du in Carrick?** Original und engl. Ueberſ. bei **Walſh**, 72—75. — Es iſt ein Lied aus dem Süden, aber es giebt ſo viele Plätze des Namens Carrick, wie Carrick am Shannon, Carrick am Suir, ꝛc., daß es nicht möglich iſt, die Localität genauer zu beſtimmen.

11. **Cuſin.** Original bei **Hardiman, I,** 250. Engliſche Ueberſetzung von **Ferguſon,** in dem „Book of Ir. Ball" 188. — Die höchſt populäre Melodie dieſes Liedes ſtammt, nach **Walker** (Historical Memoirs of Irish Bards, 134) aus der Zeit Heinrich's VIII; der uns vorliegende Text iſt demnach um ein Jahrhundert jünger. Die Heimath deſſelben iſt Connaught; Balnagar liegt in der heutigen Grafſchaft Roscommon. — Der Kuckuck, bei uns als Waldorakel eher gefürchtet, als geliebt, ſpielt in der celtiſchen Poeſie eine hervorragende Rolle; „des Kuckucks lieb'⸗ein⸗ladender Sang" heißt es ſchon in einem finnianiſchen Gedicht (Jagd von Slieve⸗nam⸗ban). Auch bei den Waliſern iſt er ſo ſehr Lieblingsvogel, daß ihn die Engländer deshalb ſpottweiſe „the welsh ambassador" nennen. —

12. **Paiſthin Fionn.** Original bei **Hardiman, I,** 216; engl. Ueberſ. von **Ferguſon,** in dem „Book of Ir. Ball.", 194. — „Ein altes und populäres Connaught⸗Lied. Die Melo⸗die iſt ſüß, aber ihre Weiſe iſt klagend und melancholiſch; ſolch eine, wie ſie kaum verfehlen kann, den Hörer zu erinnern, daß es die Muſik eines Volkes ſei, welches ſeine Freiheit verloren hat." **Hardiman, I,** 330.—

13. **Branndorn.** Original bei **Hardiman, I,** 234. Engl. Ueberſetzung von **Furlong,** daſ. 235. „Vor einigen Jahren, als ich durch die Ebenen der großen weſtlichen Grafſchaft Mayo

wanderte, hörte ich zufällig in einer armen Hütte, nah bei dem
Lough Conn, ein Bauernmädchen das Lied vom „Droigheanan
Dun" (Braundorn) zu einer Melodie singen, deren ich mich noch
mit freudigem Gefühl erinnere." Hardiman, I, 341. — Die
Provinzen Munster und Connaught streiten um diesen Gesang;
aber nach Hardiman hätte die letztere, wo derselbe in jedem Dörflein bekannt ist und gesungen wird, das Vorrecht. —

14. **O Mädchen mit dem braunen Haar!** Original und
engl. Uebersetzung bei Walsh, 90—95. Die Localbeziehungen
deuten auf den Westen; Leitrim liegt in der Grafschaft Galway,
zwischen Lough Derg und Lough Rie. Doch sind wir nicht geneigt, mit Walsh anzunehmen, daß dieses „schöne Lied, welches
die ganze Seele von Liebe und Kummer athmet," zu einer Zeit
geschrieben worden sei, „wo Hungersnoth im Lande geherrscht",
und daß des Dichters Geliebte „aus Furcht vor Hunger" abge-
lehnt habe, „Leitrim mit ihm zu besuchen." — Das heißt doch
den Dichter ein wenig gar zu buchstäblich interpretiren.

15. **Das Boolsied.** Original bei Hardiman II, 383.
Engl. Uebersetzung bei Walsh, 83 und bei Montgommery,
217 (von Ferguson.) Dieses Lied ist wolbekannt an manchen
Theilen der irischen Küste, vorzüglich aber im Westen.

16. **Wär' ich.** Original bei Hardiman, I, 344. —

17. **Marie Maguire**, in der Sammlung von Carolan's
Gedichten, im ersten Bande von Hardiman's Irish Minstrelsy, 9—99.

Turlogh O'Carolan, obgleich er nicht ganz der Letzte
ist, welcher irische Gedichte geschrieben, wird doch „der Letzte der
Barden" genannt, da mit ihm in der That die Reihe jener Sänger
schließt, welche Improvisatoren und Musiker zugleich, von Schloß
zu Schloß, von Edelsitz zu Edelsitz zogen, den Ruhm ihrer Be-
schützer im Liede feiernd. Aber wie in der untergehenden Sonne
noch einmal aller Glanz des Tages sich zu sammeln scheint, nur
verklärter und heiliger: also kommt auch noch einmal die ganze

Herrlichkeit des Bardenthums in diesem letzten seiner Träger zu einer heilig-verklärten, fast wehmüthigen Erscheinung.

Carolan, ein Mann des Westens, 1670 geboren, war seit seinem achtzehnten Jahre blind; die Harfe war der einzige Trost in der langen Nacht seines Lebens, und auf einem Pferde reitend, von seinem treuen Diener geführt, wanderte er von seinem ganzen Volke verehrt, durch diejenigen Provinzen seines geliebten Erin, wo man noch Irisch redete, denn er selbst verstand kaum ein Wort Englisch. Ja, das Volk flüsterte sich zu, daß er die Gabe seines Gesanges von den Feen selbst habe; und nicht selten sah man ihn, umgeben von den andächtigen Bauern der Nachbarschaft auf einem jener Erdhügel, die der schöne Märchenglaube des Landes „Feenhügel" nennt, wie er über die Harfe gebeugt, in das Abendroth hineinsang. Dabei hegte und bewahrte er selber eine so große Ehrfurcht vor der Würde seines Berufes, daß man ihm — gleich dem „Sänger" in Goethe's Ballade — eine Geldbelohnung niemals anbieten durfte. Die Gastfreundschaft derer, welche er besuchte und mit seinem Gesang erfreute, war sein einziger Lohn. Er war der Letzte jenes hochpoetischen Geschlechtes, das in Deutschland frühe mit den Minnesängern, und in Frankreich nicht viel später mit den Troubadours ausstarb, in Irland aber, unter den bewegten Verhältnissen dieses wahren Landes der Poesie und Musik sich bis in's 18. Jahrhundert erhielt.

Die Laufbahn dieses Mannes hat außer dem poetischen Reiz, der sie umgibt, auch etwas sehr Belehrendes, indem sie uns eine Vorstellung von dem eigenthümlichen Leben der irischen Wandersänger, der Barden, gewährt. Seine Lebensbeschreibung bei Hardiman ist im Wesentlichen kaum etwas Mehr, als eine Aufzählung der großen und edlen altirischen Familien, deren Höfe er zu besuchen, deren Feste er zu verherrlichen, deren Mitglieder er zu besingen pflegte. Sein Verhältniß zu ihnen ist das der alttestamentarischen Gastfreundschaft. Am Innigsten verbunden blieb er mit seiner mütterlichen Freundin, einer Dame von der M'Dermot

Roe Familie, die ihn erziehen ließ; ihm, als er blind geworden war und sich dem Berufe des Barden gewidmet hatte, eine Harfe und ein Roß schenkte, und ihn endlich, nachdem er seine Laufbahn beschlossen, noch um mehrere Jahre überlebte. Als er, im Jahre 1737, sein Ende nahen fühlte, da sehnte er sich in dem Hause seiner Freundin zu sterben. Sein Heimzug erinnert uns an den Grabritt Kaiser Rudolph's. Das Volk, das ihn liebte und ehrte, wie einen Heiligen, begleitete ihn in großen Haufen, weinend von Dorf zu Dorf. Auf dem Sterbelager forderte er seine Harfe. Seine Finger, durch die Nähe des Todes schon gelöst, glitten zuerst schwach über die Saiten; dann aber flammte seine Seele noch einmal auf, und unter seinen zum letztenmal entzückten Fingern quoll sein „Lebewol an die Musik" hervor, welches seitdem zu einer Lieblingsmelodie geworden ist in Irland. Sie war sein letztes Lebenszeichen; mit ihren sterbenden Akkorden hauchte er seine Seele aus.

Seine Todtenwache dauerte vier Tage; am fünften ward er im Erbbegräbniß der M'Dermot Roe's beigesetzt. Später ward sein Schädel als ein Gegenstand volksthümlicher Verehrung in einer Grabnische ausgestellt, und folgender dunkle Zug englischer Härte schließt die Geschichte von Carolan: „Seit dem Jahre 1796 ist der Schädel verschwunden," erzählt Hardiman. „Eine Person zu Pferde, in der Tracht eines vornehmen Herrn, aber wahrscheinlich ein Orangeman aus dem Norden, kam in die Kirche und wünschte den Schädel zu sehen. Man brachte denselben aus der Nische herbei, und — sobald er sich unbewacht sah — feuerte der Fremde ein geladenes Pistol gegen ihn ab, wodurch er in Stücke zerschmettert wurde. Alsdann, alle irischen Papisten verfluchend, ritt er davon." —

Hardiman hat den ersten Band seines für die Geschichte der irischen Dichtung unschätzbaren Werkes mit dem Portrait des Barden in Stahlstich (nach einem Originalgemälde) geschmückt. Die feinen vollen Finger ruhen in den Saiten der an seine Brust gelehnten Harfe; das schöne, classisch-edle Oval des Gesichtes ist über der hohen Stirn herab von langen Locken umwallt. Eine namenlose Wehmuth verklärt das sanfte Antlitz, unter prächtig breiten, vornehm geschweiften Brauen öffnen sich die lichtlosen Augen; aber — gleichsam um anzudeuten, daß das Licht des Sängers aus andren Regionen stamme — ist der dunkle Hintergrund von einer Strahlengarbe durchdrungen, wie wir sie zuweilen in alten Bildern auf heilige Personen und heilige Gebäude von Oben schräg herniederfließen sehen.

Die poetische Ausbeute konnte, bei der Natur dieses Sängers, als eines Gelegenheitsdichters, für unsren Zweck nur gering sein. Die Mehrzahl seiner Dichtungen sind Gesänge zum Lob seiner Freunde und Freundinnen, die auf das Interesse eines großen Publicums außerhalb Irlands kaum werden zählen dürfen. Eins der allgemeiner ansprechenden Lieder dürfte das von uns mitgetheilte „Marie Maguire" sein, in welchem der Barde ein irisches Mädchen besingt, das sein Weib wurde, und dessen Tod er später in einer nicht minder tief gefühlten „Klage" bei Hardiman (I, 91) betrauert. —

Wie alle Barden Irlands vereinigte er in sich den Dichter und den Componisten; und fast scheint er in der letzteren Eigenschaft noch bedeutender gewesen zu sein, als in der anderen. Händel, der sich überhaupt viel mit celtischer Musik beschäftigte, nannte ihn „den irischen Orpheus". Viele seiner Tonschöpfungen leben in Thomas Moore's „Irischen Melodien", und haben mit ihnen eine Verbreitung weit über Irland hinaus gewonnen. In Irland selbst ist die populärste seiner Melodien diejenige, zu welcher das Lied von „Bumper Squire Jones" gesungen wird. Dieses ist noch immer das Lieblingstrinklied der alten irischen Squires.

Mit dem Aussterben des Bardenthums verlor auch die Harfe, welche man wol als die melodische Seele desselben bezeichnen darf, ihre eigentliche Bedeutung. Um das Jahr 1734 hörte das Harfenspiel in den Hochlanden von Schottland auf, und der

Dudelsack (piob) trat an seine Stelle (Dunn, An historical enquiry into the performance of the harp in the Scottish Highlands. Edinburgh, 1807.) Ein Gleiches geschah in Irland, nur leider noch früher. Schon in der Zeit nach den Stürmen von 1641 scheint sich der Haß und die Zerstörungswuth der Eroberer gegen dies Lieblingsinstrument gekehrt zu haben, welches so lange identisch mit jeder Freude und jedem Enthusiasmus in Irland gewesen. Lynch, in seinem „Cambrensis Eversus" (einer Schrift gegen die mannigfachen Unwahrheiten und Verunglimpfungen Irlands durch Giraldus Cambrensis) erzählt uns, daß die Harfen von Cromwell's Soldaten zerbrochen wurden, wo sie eine fanden, und schließt mit der Prophezeihung, die sich beinahe schon erfüllt hat: „das Andenken ihrer Gestalt und Bauart wird für unsere Nachkommenschaft unbekannt und verloren sein." — Der Krieg von 1688, welcher den Sturz der alten irischen Familien vollendete, brachte auch ihr nationales Instrument für immer zum Schweigen (vergl. Hardiman, I, 183), und es war gegen Ende des vorigen Jahrhunderts, daß sich die Harfner, welche damals noch lebten, in Belfast versammelten, um die alten Melodieen, welche sie ehedem gespielt und gesungen hatten, oder deren sie sich überhaupt erinnerten, noch einmal zu hören, und hierauf — um sie vor der drohenden Vergessenheit zu bewahren — Note für Note aufschrieben. „Da sie die Töne ihrer Jugend vernahmen, weinten sie oft", sagt der alte Bericht. So leben denn die Harfenmelodieen Erins — Dank diesen Männern! — fort und sind in unsrem Jahrhundert durch die Poesien, welche Thomas Moore ihnen unterlegte, neu belebt worden; aber die Harfen selbst sind stumm geworden. Und während ich in den Dörfern von Nord-Wales (trotz meines Recensenten im „Athenäum" Nr. 1664, 1859) überall Harfenklänge vernahm, war die einzige Harfe, welche ich in Irland gesehen, diejenige, welche — unter dem Namen von Brian Boru's Harfe bekannt — im Museum der Königl. Universitätsbibliothek zu Dublin aufbewahrt wird.

18. **Claragh's Klage.** Original bei Hardiman, II, 71. Engl. Uebersetzung von D'Alton das. „Claragh" ist der Geburtsort des als Gelehrten, Dichter und eifrigen Jakobiten ausgezeichneten John Mac Donnell, der aber unter dem Namen jenes Ortes populärer ist, als unter seinem eigenen. Er starb 1754. — Der Gegenstand dieses Liedes ist der Prätendent von 1715, James Francis Edward, bekannter unter dem Namen des „Chevalier de St. George".

19. **Drimin Dubh, O!** — Original bei Hardiman, II, 154. Englische Uebersetzung von Ferguson, in dem „Book of Ir. Ballads", 214. Unter dem „König" ist James Charles Edward, der Prätendent von 1745 gemeint, der „Charlie" der Jakobiten von Schottland.

Die jakobitische Poesie von Irland steht derjenigen von Schottland an Kraft, Innigkeit und natürlichem Zauber bei Weitem nach. Ihr Charakter ist vorwiegend rhetorisch; an die Stelle der naiven Empfindung tritt die Allegorie, wodurch den Liedern dieser Gattung — die man als die letzten Ausläufer der alt-irischen Dichtung bezeichnen darf — etwas Gekünsteltes und Ernüchterndes anhaftet. In vielen derselben wird Irland als eine liebliche, verlassene Braut dargestellt, welche — dem Sänger im Traume erscheinend — um den Verlust des Geliebten klagt und seiner Wiederkehr schmerzlich entgegenharrt; in anderen als „dunkles Röschen" oder als „Schlehenbaum", in dem von uns mitgetheilten Sagen als „schwarzbraune Kuh". Anspielungen auf die Hülfe der katholischen Mächte wechseln in diesen Liedern mit Anrufungen der Feenkönigin Clionna und des Feenkönigs Don Firinneach, welche heraufbeschworen werden, um den Triumph Irlands zu prophezeien und Flüche gegen die „verrätherischen Wölfe" von England, zuweilen sogar gegen Deutschland und „Luther's Fabeln" zu schleudern — eine wunderliche Mischung von heidnischen Reminiscenzen und katholischem Fanatismus! —

Eine gute und vollständige Sammlung dieser halbvergessenen

jakobitischen Lieder bietet Hardiman, II, 10—112. Die beiden, welche wir daraus gewählt haben, schienen uns die vortheilhaftesten Beispiele ihrer Gattung zu sein.

20. **Auf den Trümmern der Abtei von Teach-Molaga.** — Original bei Hardiman, II, 235. Englische Uebersetzung von Ferguson, in dem „Book of Ir. Ballads", 133. John O'Cullane ist der Letzte, welcher irische Verse geschrieben. Er war geboren in der Grafschaft Cork um's Jahr 1754 und stammte von dem altirischen Clan der O'Cullane's ab, ehedem Herren der Stadt Castlelyons, welche aber schon im 17. Jahrhundert so verkommen war, daß Boyle, der erste Earl von Cork, sie seiner Tochter schenkte, „um sich Handschuh und Nadeln davon zu kaufen." All ihrer Besitzungen beraubt sanken' sein Stamm und seine Familie zu armen Bauern herab. Unser Dichter war Schullehrer und starb 1816. Hardiman bemerkt von ihm, er habe „Englisch sprechen und schreiben" können! — Teach-Molaga, wörtlich: das Haus oder die Zelle des heiligen Molaga, ist der Name der Abteiruinen in der Nähe des heutigen Timoleague, im südlichen Munster.

II. Anglo-Irische Lieder.

Volkslieder.

1. **Schan ban bodh.** Barry, Songs of Ireland, 49. — Die Versionen dieses Liedes sind zahllos; die hier gegebene wird für die beste gehalten. — Gelb ist die Farbe der Oranienmänner (Schane Bui, der gelbe Jack, Spottname für Wilhelm von Oranien), Roth die der englischen Soldaten, und Grün ist die Farbe von Irland. — Der Curragh von Kildare, eine große, grüne Ebene, zwanzig irische Meilen im Umfang, östlich von der Stadt

Kildare; als militairischer Lagerplatz und wegen der jährlich zweimal darauf stattfindenden Wettrennen bekannt. —

2. **We're Paddies evermore.** Barry, 178. — „Paddy", volksthümlich für „Patrick", ist der von den Engländern gebrauchte Spottname für die Irländer. —

3. **Drinan Dhun.** Duffy, Ballad Poetry, 143. — Wiewol ich keine Autorität anzuführen habe (meine Quelle bezeichnet es einfach als „Straßenballade"), so spricht doch die innere Wahrscheinlichkeit dafür, daß dieses Lied eine anglo-irisch-jakobitische Reliquie sei. — Vergleiche oben die Anmerkung zu dem „Drimin Dubh, O!" und was ich daselbst über den Charakter der jakobitischen Poesie in Irland überhaupt gesagt habe. —

4. **Der Zweig des Schilelah.** Barry, 172. Höchst populäres Lied; der Verfasser ist Edward Lysaght, oder wie ihn das Volk nennt „der lustige Ned Lysaght". Er ward geboren 1763 im westlichen Irland, und widmete sich nach Vollendung seiner gelehrten Bildung in Trinity College der advocatorischen Thätigkeit, obwol „das Recht nur sein Gewerbe, und die gesellige Heiterkeit sein Beruf blieb." — Der Zweig des Schilelah ist der irische Eichenstock, Schamrock das Emblem Irlands, wie die Rose das von England, und die Distel das von Schottland ist. — Donnybrook-Fair ist der berühmte Markt, welcher zu Donnybrook, einem Dörflein in der Nähe von Dublin alljährlich im August abgehalten wird.

5. **Das Lied von St. Patrick.** Es ist das wahre Markt- und Straßenlied des heutigen Irlands, welches man in Dorf und Stadt von der anglisirten Bevölkerung überall hören kann. — Der „Berg von Howth", am Nordende der Dublin-Bay, ist ausgezeichnet durch die an ihm haftenden nationalen und poetischen Reminiscenzen. Der „Berg am Westmeerschoos" ist der Croagh Patrick, bei Westport, dessen Wurzeln bis zur Atlantischen Meeresküste reichen. Auf demselben brachte nach der Volkssage der Apostel Irlands, bevor er seine Mission antrat, vierzig Tage und

vierzig Nächte im Gebete zu. Damals wimmelte die Insel von giftigen Thieren aller Art, seitdem aber der Heilige sie vertrieben, soll weder Frosch, noch Schlange und Kröte daselbst mehr haben leben können.

6. **Die Jungen von Kilkenny.** Ebenfalls höchst populär. — Kilkenny ist eine Stadt in der Grafschaft gleichen Namens (Südost von Irland), ausgezeichnet durch ihre Steinkohlengruben und Steinbrüche (sg. „irischen Marmor"). Der „klare Fluß" ist der River Nore. —

7. **Kate Kearney.** Die Verfasserin dieses namentlich an den Seen von Killarney volksthümlich gewordenen Liedes ist Lady Morgan (1789—1859), die bekannte irisch-patriotische Romanschriftstellerin.

8. **Kathlin O'More.** Barry, 67.
9. **Feenreigen.** M'Carthy, Book of Ir. Ball. 40.
10. **Das Lied von der wahnsinnigen Moina.** Barry, 68.
11. **Mein Connor.** Duffy, 172.
12. **Glaschen-Glora.** Barry, 173. — „Glaschen-Glora", (wörtlich: „das lärmende, grüne Wasser") ist der Name eines Bergstromes, welcher im Westen der Grafschaft Cork bei Glengariff in's Atlantische Meer geht. —

Dichter der neueren Zeit.

1. **Doctor Drennan**, repräsentirt neben Lysaght den Uebergang des nationalen Liedes, in seiner neuen anglo-irischen Gestalt, aus den Händen der Straßensänger in die der gebildeten Poeten. Das von ihm mitgetheilte Lied, welches seiner Zeit (zur Zeit der Rebellion von 1798) der Schlacht- und Kampfgesang der United Irishmen gewesen, ist noch heute berühmt und beliebt. Thomas Moore nennt es (in der Anmerkung zu seinem „Dear harp of my country") „das rebellische, aber schöne Lied".

2. **Thomas Moore** (1780—1852), der größte Dichter Anglo-

Irlands, wiewol die Poeten des „jungen Irlands" und die Kritiker aus Carlyle's Schule angefangen haben, ihn zu ignoriren. Eine vortreffliche Charakteristik findet sich in Julian Schmidt's „Uebersicht der englischen Literatur des 19. Jahrhunderts" (Romberg's Wissenschaften, II, 7 und 8. 1856), der wir folgende Andeutungen entnehmen. — Julian Schmidt geht vom Begriffe der englischen Romantik aus. Er definirt sie als eine Reaction gegen die französische Classizität, welche aber durchaus national war und blieb, und weder in Demagogie ausartete, wie die französische Romantik, noch in mittelalterliche Feudalitätsideen, wie die deutsche, sondern sich auf den historischen Boden stellte, auf welchem die sittlichen Zustände, die politischen, rechtlichen und kirchlichen Einrichtungen auch standen. Jedes der vier Länder, in welchem englische Sprache und englische Cultur herrscht, stellte man einen Träger und Hauptrepräsentanten dieser nationalen Romantik; England: Lord Byron; Schottland: Walter Scott; Nord-Amerika: Washington Irving; Irland: Thomas Moore. Der nationale Boden von Thomas Moore's Romantik ist zunächst Irland, seine Heimath (er ist in Dublin von katholischen Eltern geboren worden); und einen sehr grossen Theil seiner literarischen Thätigkeit nimmt die Beschäftigung mit den irländischen Zuständen ein (Satiren, Memoiren und seine umfangreiche Geschichte von Irland). Einen poetischen Ausdruck von unvergänglicher Bedeutung fand diese Stimmung in den „Irischen Melodieen" (1807—1834; 10 Hefte). Die Anregung dazu fällt in die Zeit, wo das Volkslied zuerst wieder zu Ehren kam: Wordsworth's Balladen, Scott's schottische Grenzlieder, des Knaben Wunderhorn. Im Jahre 1796 waren auch Bunting's nationale Melodieen erschienen, und zu diesen die entsprechenden Texte zu dichten nahm sich Moore schon auf der Universität vor. Zur Realisirung dieses Planes vereinigte er sich mit Sir John Stevenson, der das musikalische Arrangement übernahm. Der Inhalt dieser ungeheuer wirkungsreichen Lieder ist Liebe und Rebellion in steter Wiederkehr; Melodie und

Stimmung ist immer das Erste: Aber, trotzdem Moore nicht berufen war, eine neue Aera der Poesie herbeizuführen, hat er doch wesentlich dazu beigetragen, das volksthümliche Element der Poesie vom Druck des französischen Geschmacks zu befreien, und so ist sein Einfluß auch auf unsre deutsche Poesie sehr bedeutend. — Von denjenigen seiner Poesieen, deren Heimath der Orient ist (Lalla Rookh) und von seinem Roman „der Epicuräer" zu reden, ist hier nicht der Ort. —

3. **Gerald Griffin**, geboren 1803 in Limerick, eine krankhafte, ewig aufgeregte, aber hochbegabte Poetennatur. Begab sich in seinem zwanzigsten Jahre, „um sein Glück zu machen", nach London, konnte es aber nur einmal in seinen „Munster Tales" (1827—1830) zu einem einigermaßen bedeutenden Erfolge bringen. Erschöpft zog er sich zuletzt, im Herbst 1838, aus der Welt zurück, und trat als Mitglied der „christlichen Brüderschaft", deren Pflicht der Armenunterricht ist, in ein Kloster von Cork, woselbst er jedoch schon 1840 am hitzigen Fieber starb.

4. **Thomas Davis**, geboren in der Grafschaft Cork, 1815, gestorben 1845. Das poetische Haupt des „jungen Irlands", dessen Tendenz die revolutionäre Propaganda gegen England, jedoch mit Ausschluß aller katholischen Hülfsmittel ist. Das von den Männern dieser Partei (1842) gegründete politische Blatt „the Nation" besteht noch heute; werthvoll ist die von ihnen herausgegebene „Library of Ireland", zu denen auch die von uns mehrfach zitirten Anthologien von Duffy, Barry und M'Carthy gehören. Gleichfalls einen Band dieser kleinen, handlichen Bibliothek bilden „The Poems of Thomas Davis. Now first collected". Dublin, 1857. —

Die Blume von Finé. Unter der „Brigade" ist derjenige Theil der irischen Revolutionsarmee zu verstehen, welcher nach der Capitulation von Limerick (1692) freien Abzug nach Frankreich erhielt und in französische Dienste trat; die „wilden Gänse" sind die irischen Rekruten dieser Brigade. Sie fuhren in französischen Schmugglerschiffen über und wurden als „wilde Gänse" declarirt; daher ihr Name. — „Schule a-Run" ist ein altes Lied aus dem Anfange des 18. Jahrhunderts, mit dem irischen Refrain: „Schule, schule, schule a-Run."

> O, wär' ich auf dem Hügel dort!
> Ich füllte wol den stillen Ort
> Mit Schrein und Schluchzen immerfort
> Schule, schule, schule a-Run.
>
> Hier ist mein Rad, hier ist mein Kiel,
> Gebt mir ein Schwert, mit Stahl und Stiel,
> Ein Schwert wol für mein Herzgespiel
> Schule, schule etc.
>
> Ich färb' den Rock, ich färb' ihn roth,
> Will rund die Welt mir betteln Brot,
> Bis mich die Eltern wünschen todt,
> Schule, schule etc.
>
> Ich wollt', ich wollt', ich wollt' mein Glück,
> Ich wollt' ich hätt' mein Herz zurück —
> Nun muß es brechen, Stück für Stück, —
> Schule, schule etc.
>
> Nun ist mein Schatz ein Brigadier,
> Nach Frankreich zog er, weit von hier,
> Und niemals kehrt er heim zu mir —
> Schule, schule etc.

5. **Samuel Lover**, der volksthümliche Lover, dessen „Stories and Legends of Ireland" selbst im Auslande viel gelesen und viel übersetzt worden, dessen „Rory O'More" und „Mally Carew" im Munde ganz Irlands leben und klingen, ward geboren zu Anfang unsers Jahrhunderts. Es ist ein liebenswürdiges Genre von Poeten, zu denen Lover gehört; er ist so eine Art von Karl von Holtei, er dichtet seine Lieder nicht nur, er weiß sie auch zu singen und wandernd zu verbreiten. Aehnlich unsrem schlesischen

Sänger bedient sich auch 'oder häufig, zur Herstellung des Lokaltones, des eigenthümlichen anglo-irischen Dialectes, wodurch es dem Uebersetzer unmöglich gemacht ist, die populärsten seiner Lieder mitzutheilen; zumal der Werth gerade dieser Lieder weniger in ihrem gemeingültigen, poetischen Inhalt, als in der glücklich gewählten, dem irischen Volksleben entnommenen Situation besteht. —

6. **William Allingham**, lebt zu Ballyshannon, am Erne, im nordwestlichen Irland. Eine ernste, düster gestimmte, aber zarte Poetennatur, mit seinem Verständniß für das Volksthümliche, das er, mit Verwerfung aller äußerlichen Mittel, rein in seiner tiefsten Innerlichkeit zu erfassen sucht. Unter dem Einfluß Carlyle's an deutscher Philosophie und Poesie (namentlich Goethe) geschult, hat er viel über das Volkslied seiner Heimath nachgedacht (siehe unter Andern seinen Aufsatz: „Irish Ballads and Street Singers", Household-Words, Jan. 10, 1852. vol. IV.). und mehrere seiner als Flugblätter verbreiteten Straßenballaden sind auf den Märkten und in den Hütten Irlands populär geworden.

Poems, London 1850. — Day and Night Songs, London 1854. — The Music-master a love story, and two series of Day and Night Songs, London, 1855, 1860. Neuerdings ist auch eine amerikanische Ausgabe davon erschienen. — Außer den von uns im Text mitgetheilten findet sich eine Reihe seiner Gedichte in deutscher Uebersetzung bei Prutz, Deutsches Museum, Nr. 34. 1860.

www.ingramcontent.com/pod-product-compliance
Lightning Source LLC
Chambersburg PA
CBHW030801230426
43667CB00008B/1016